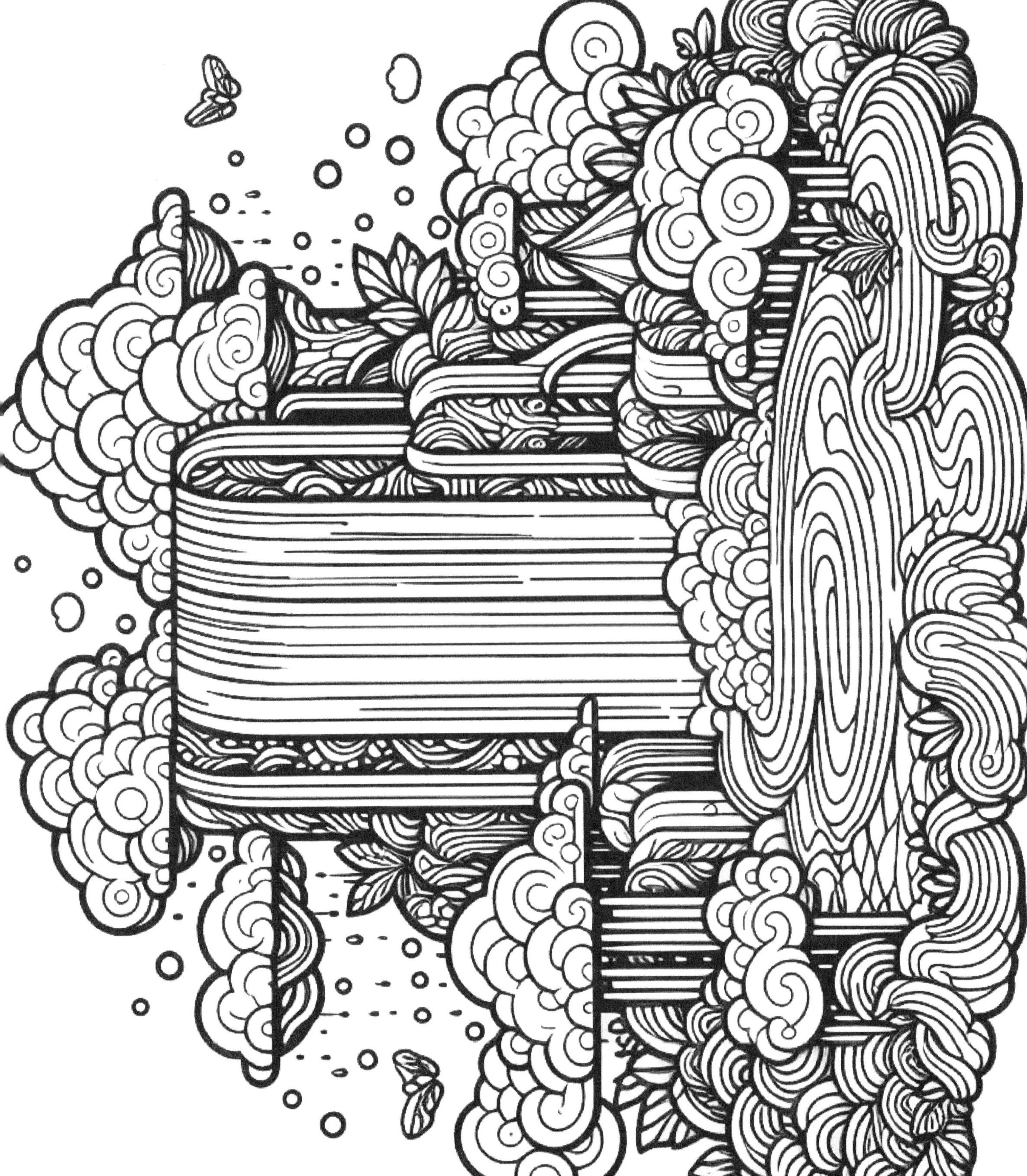

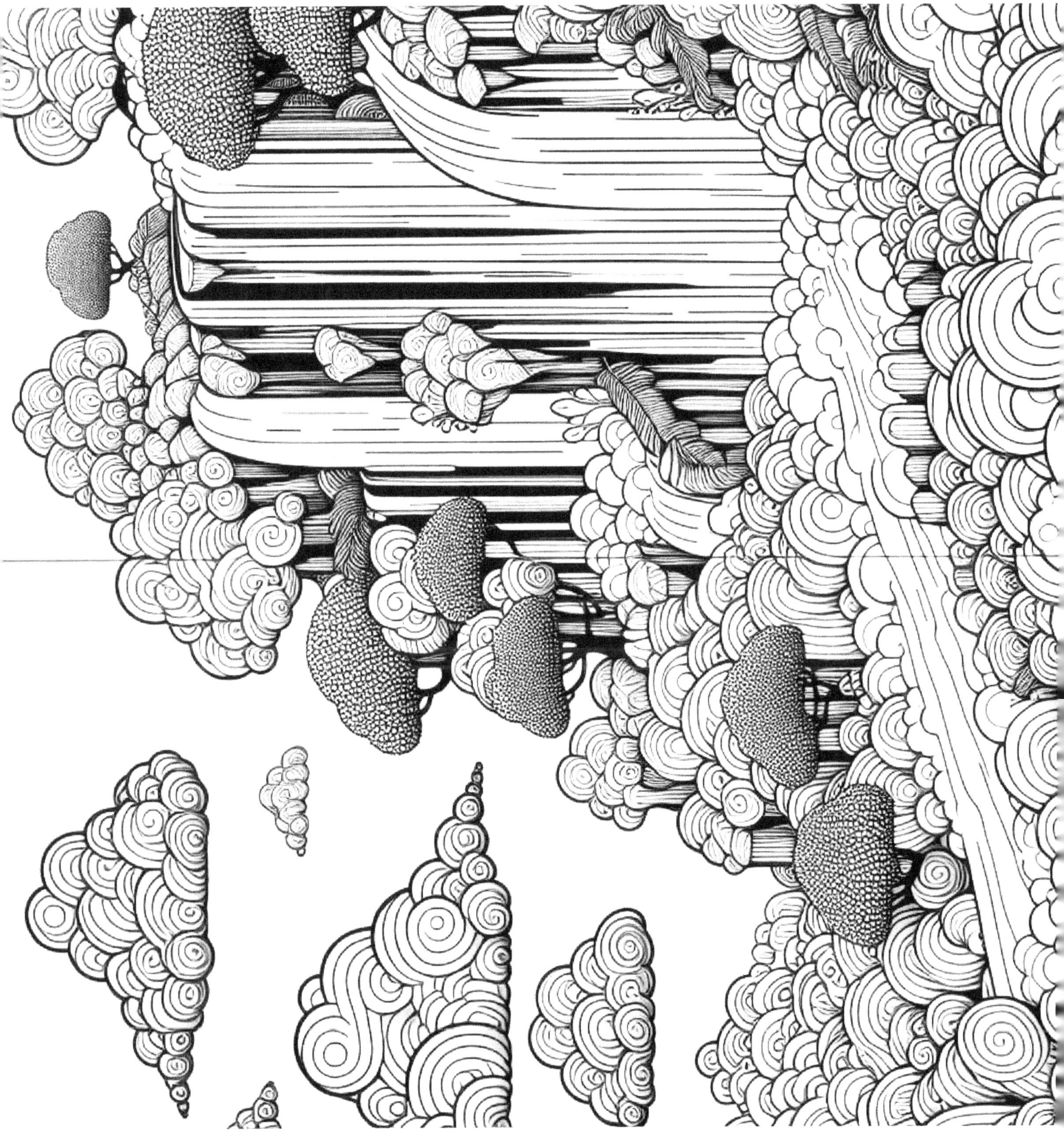

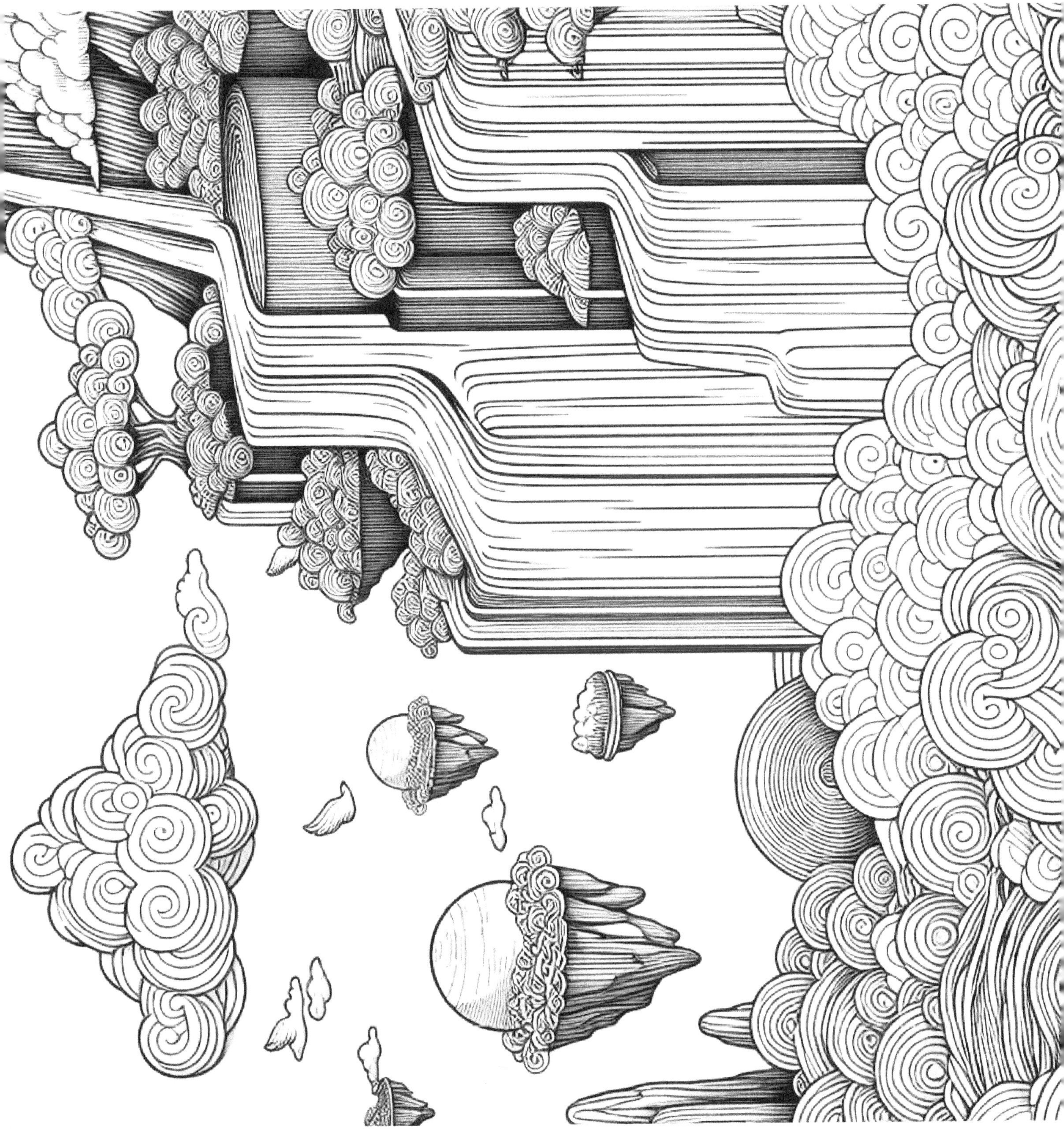

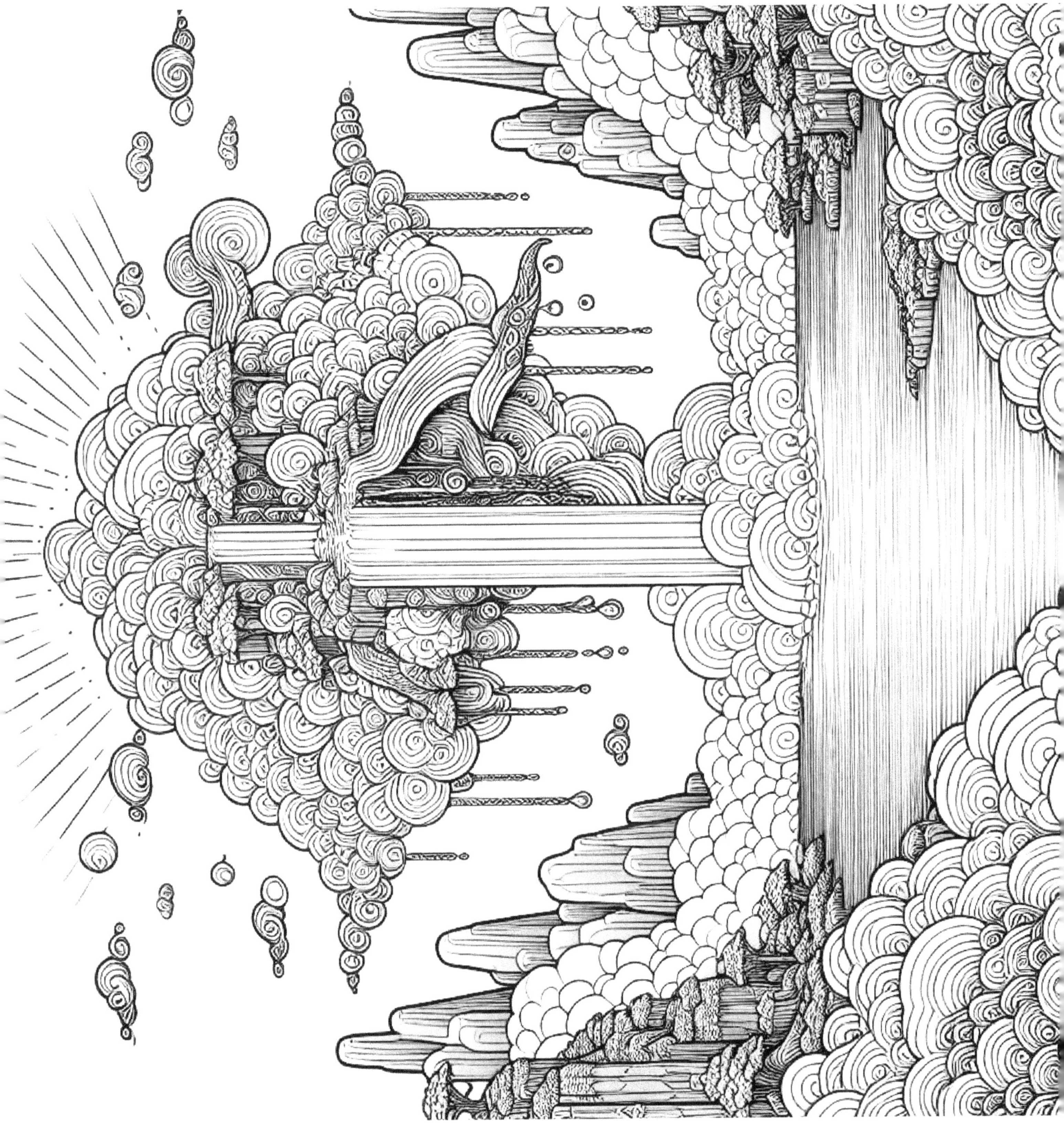

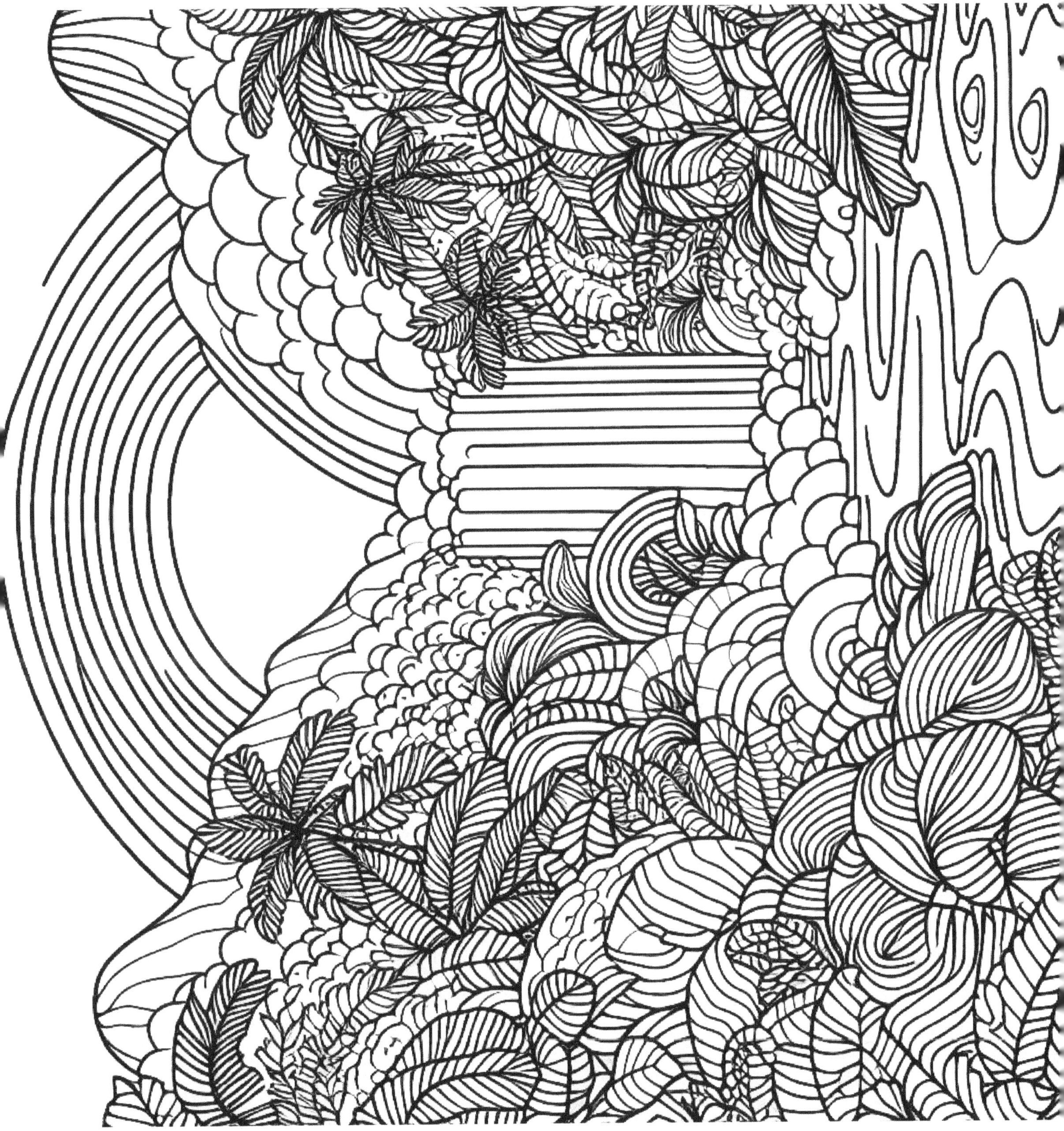

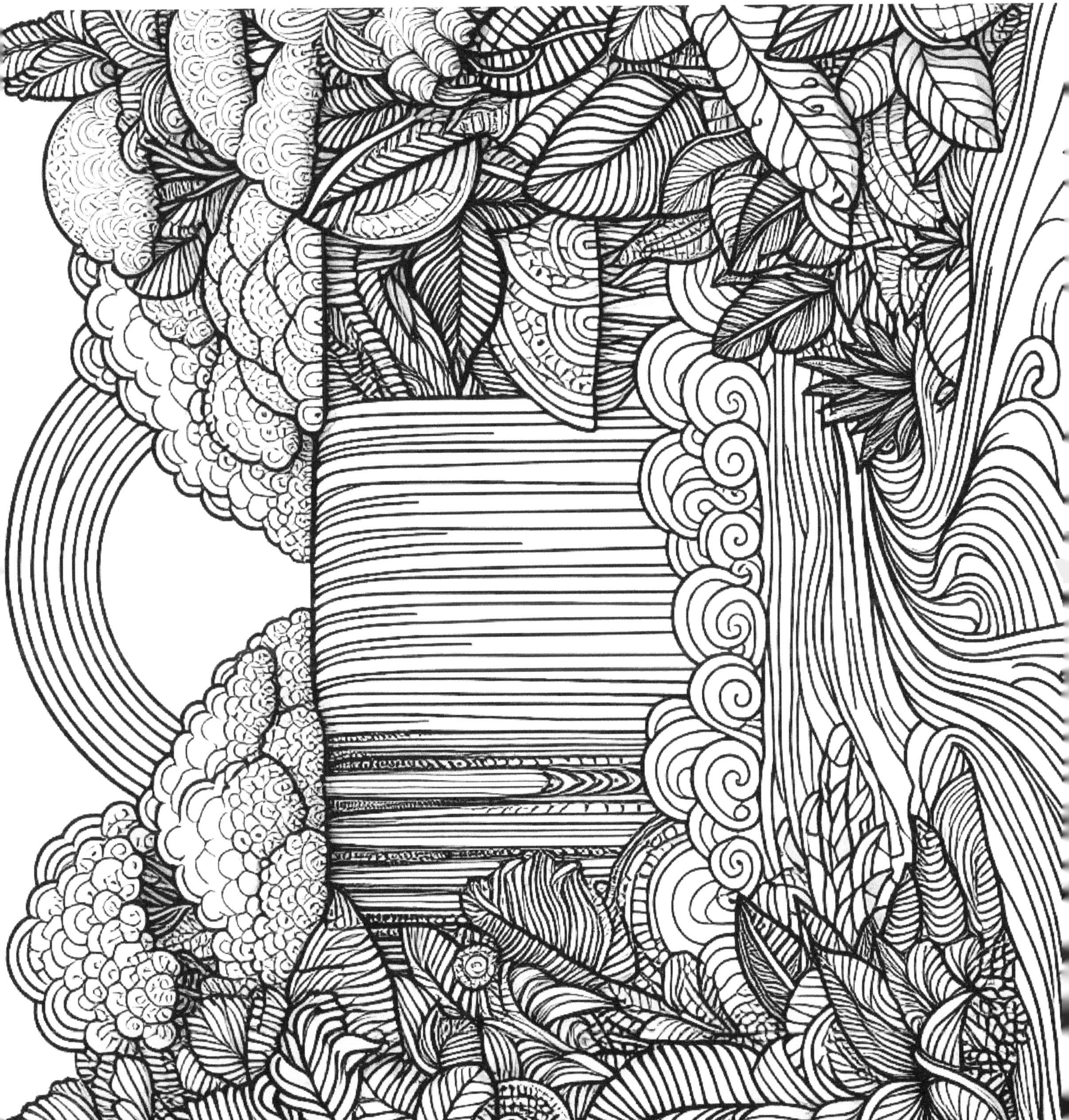

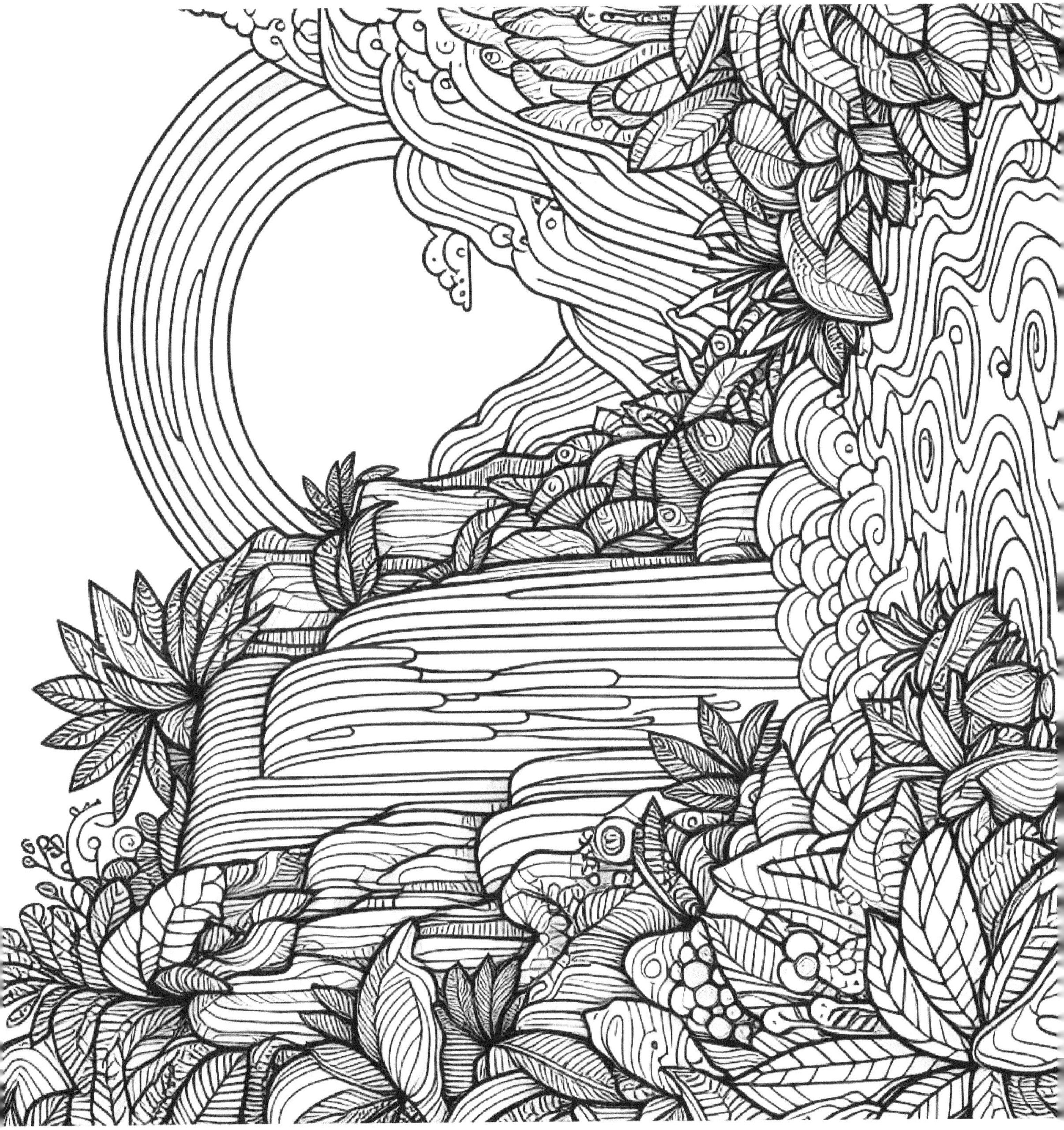

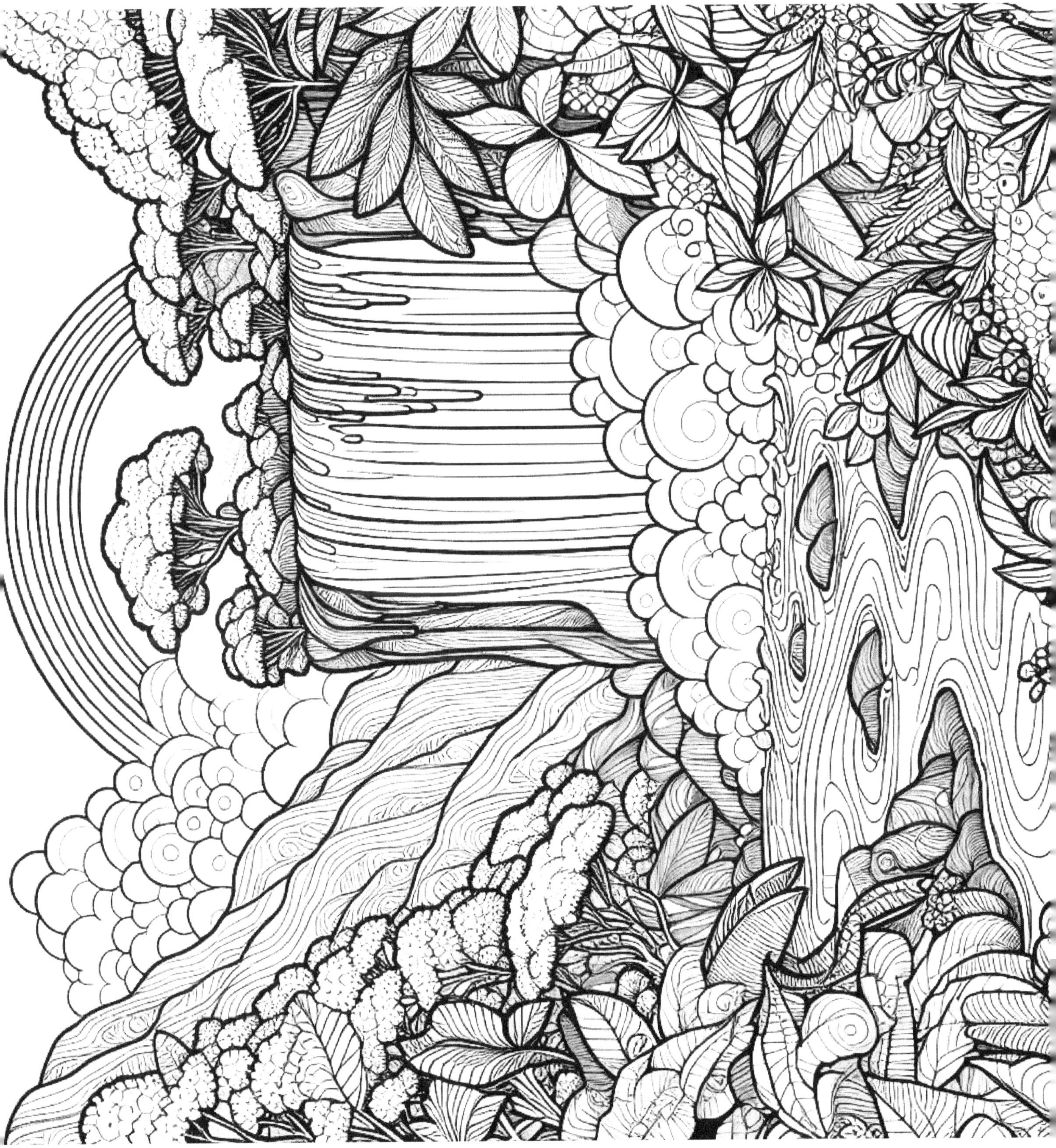

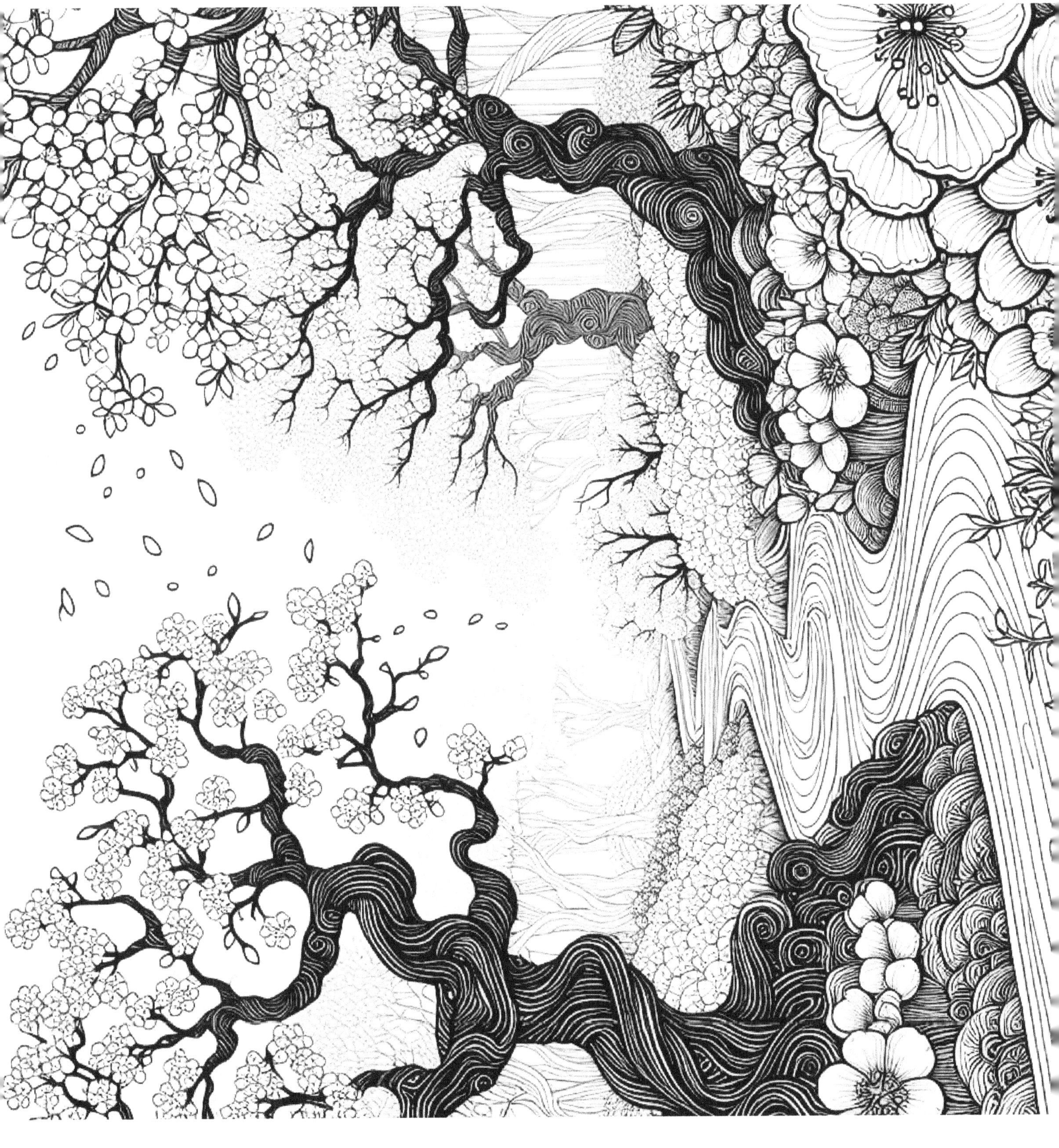

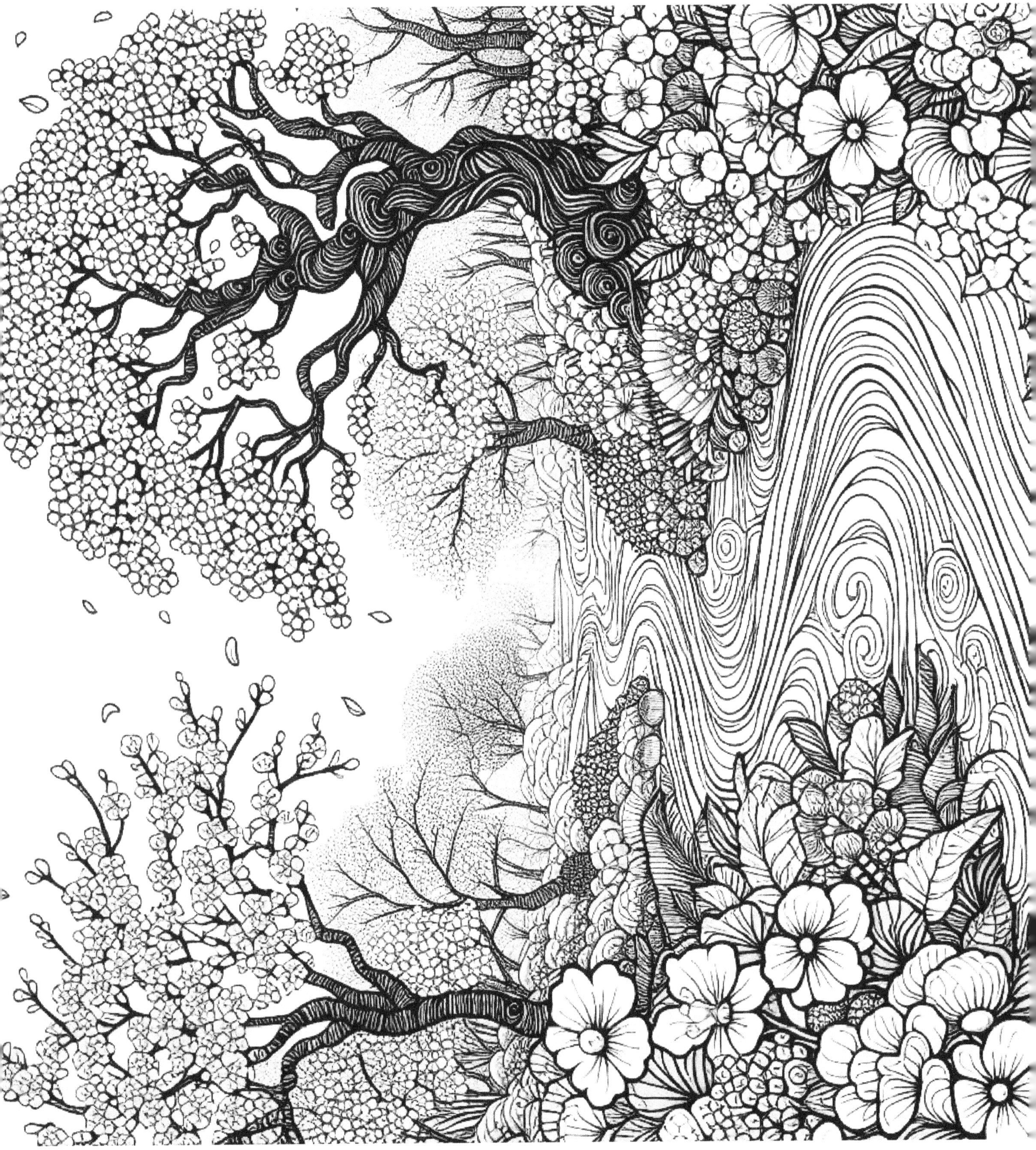

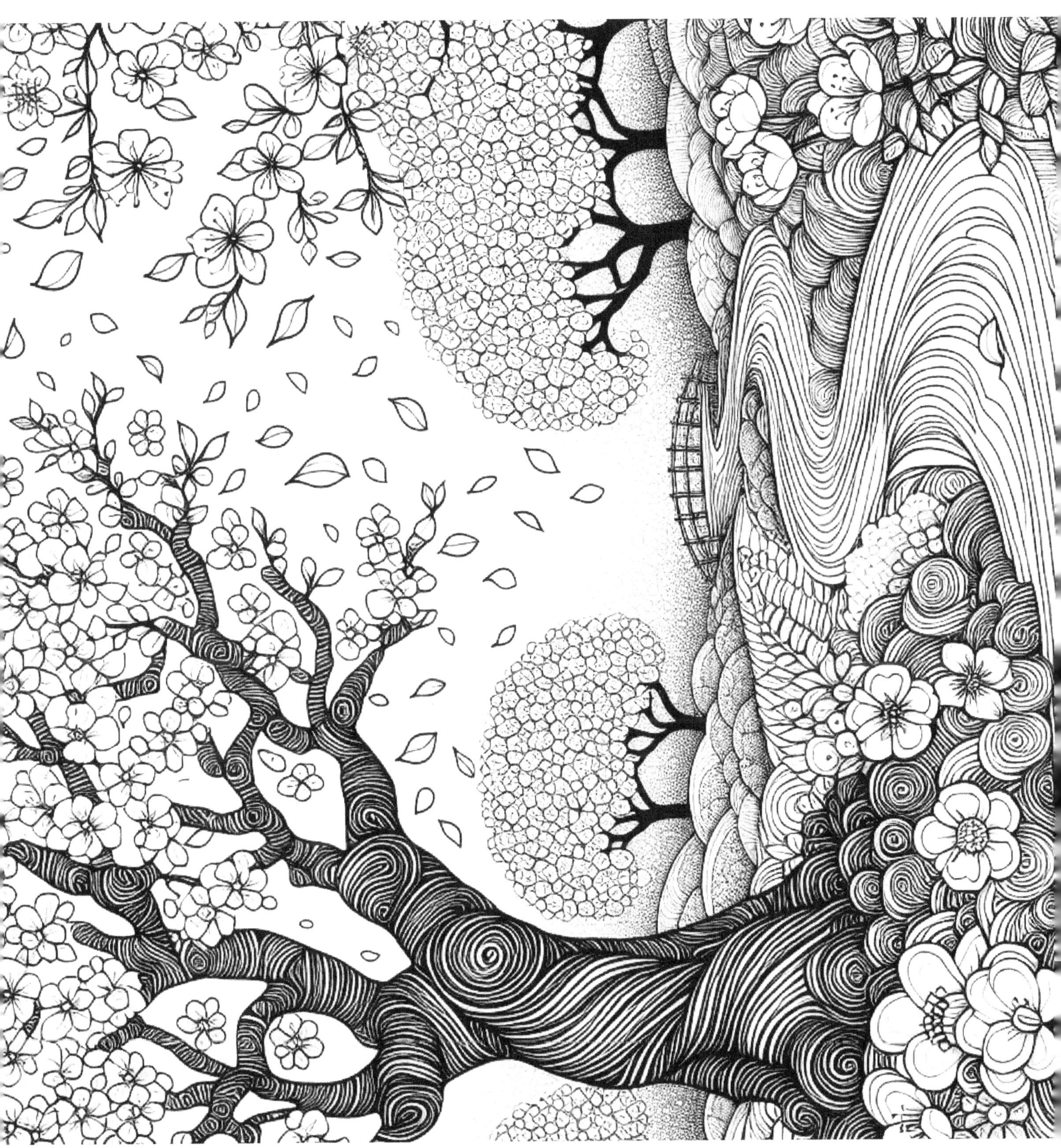

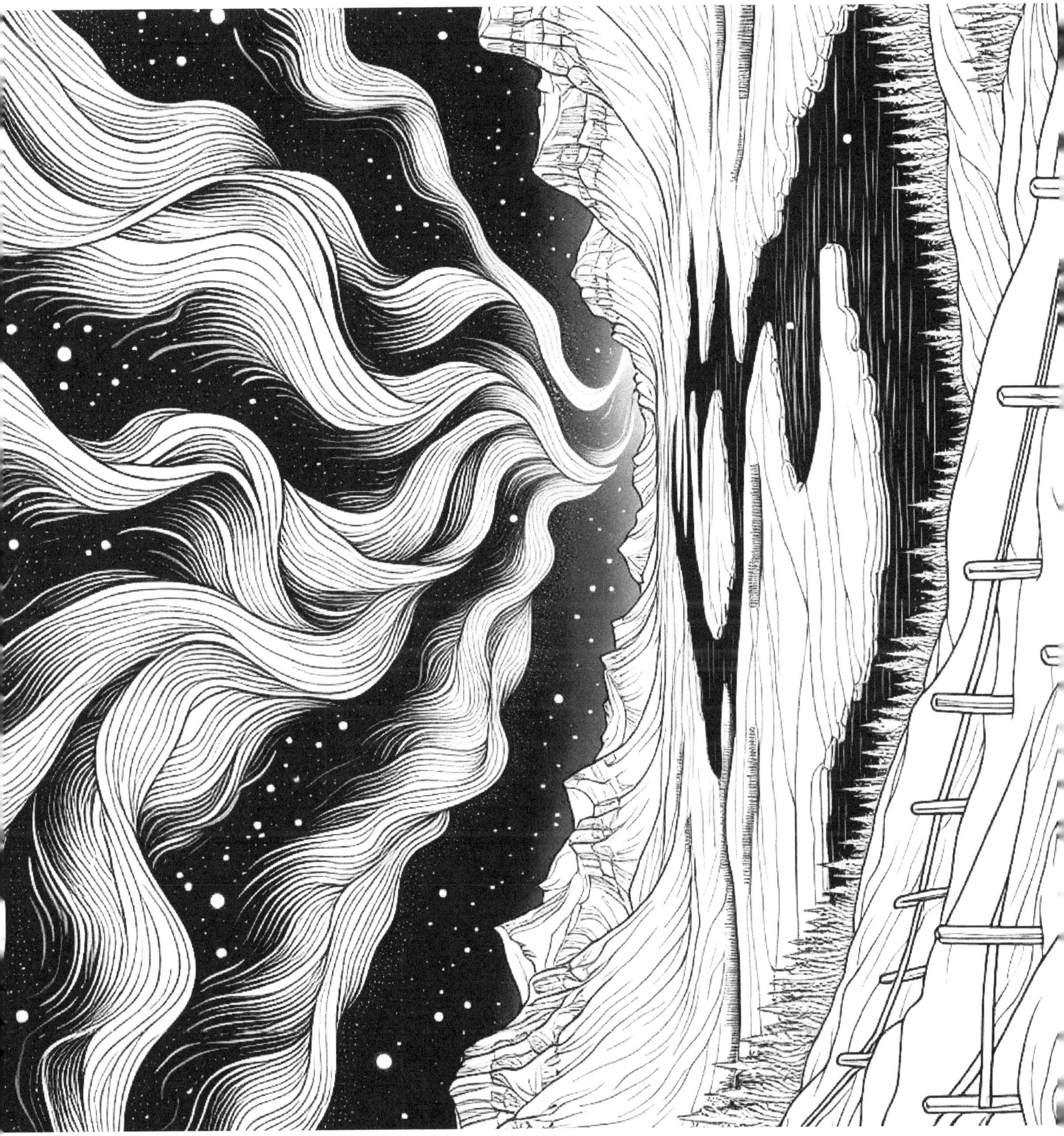

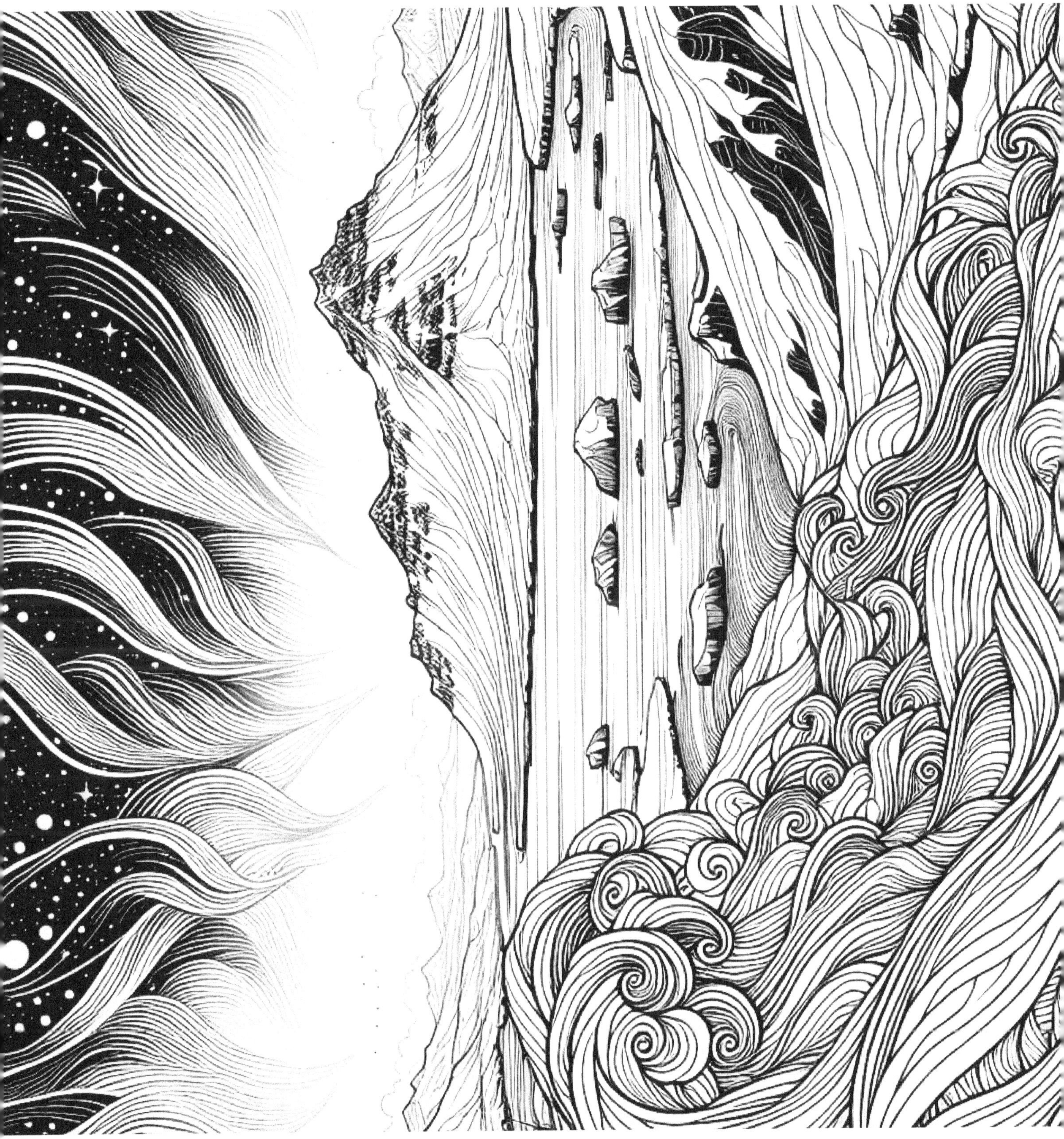

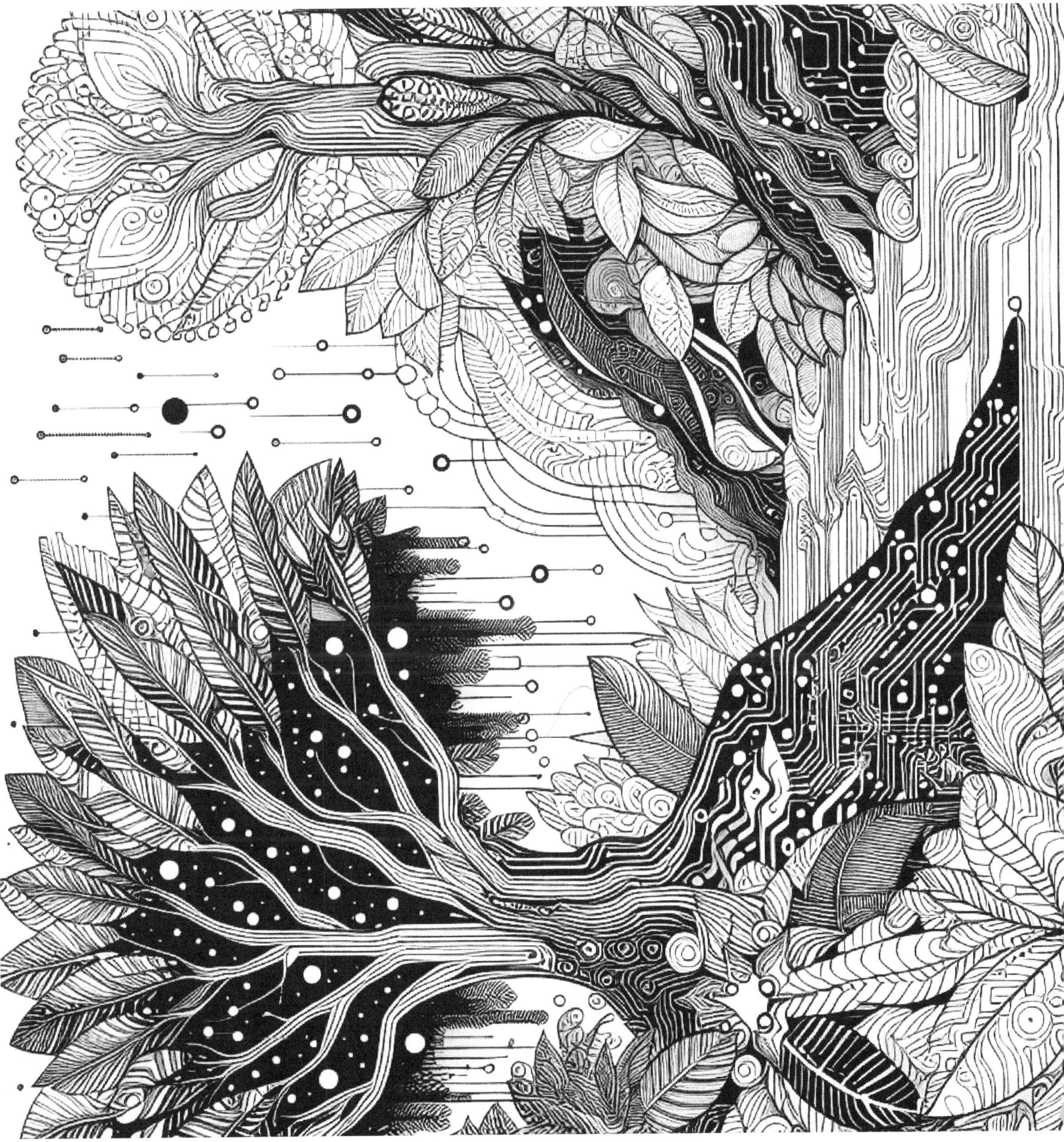

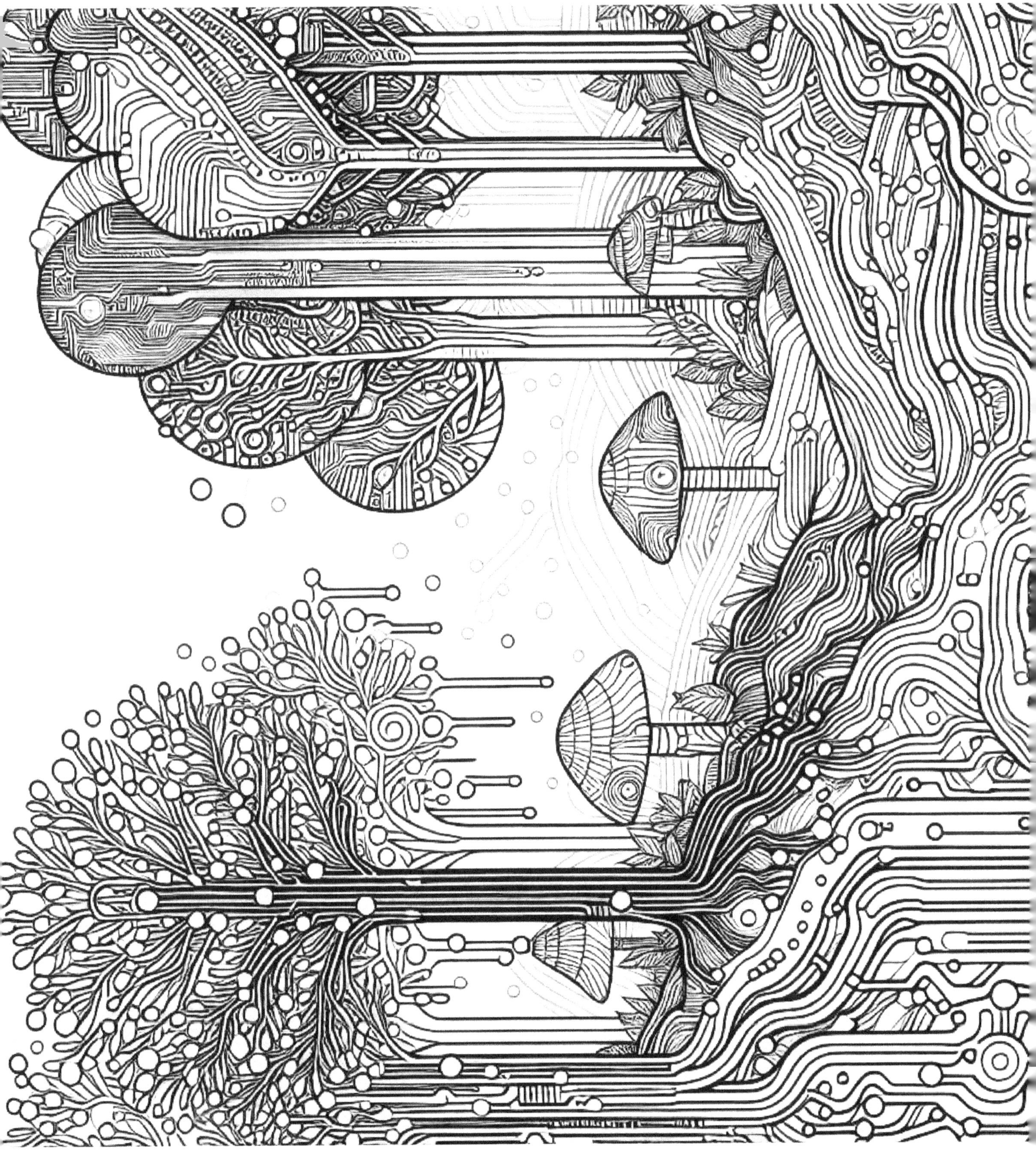

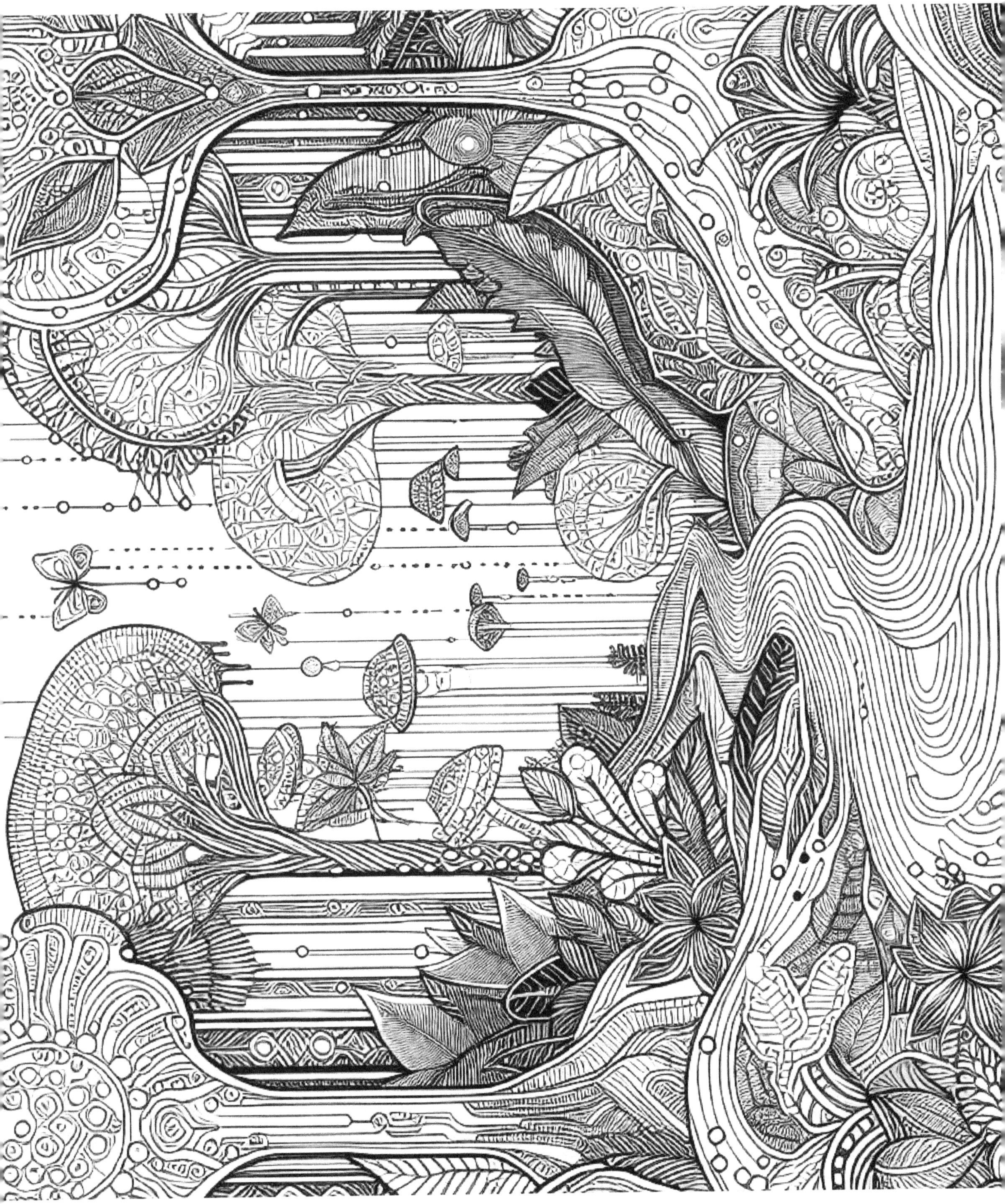

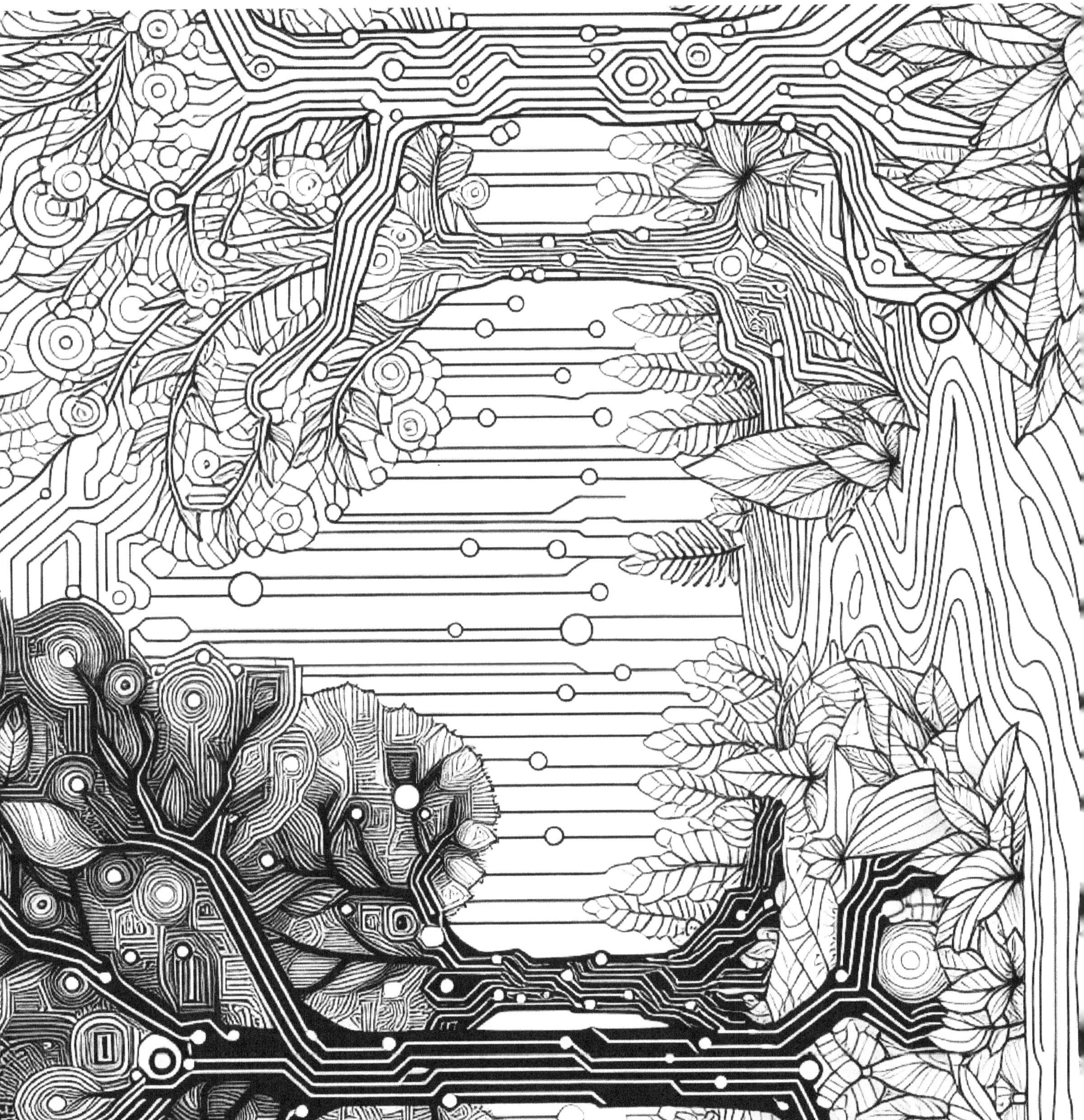

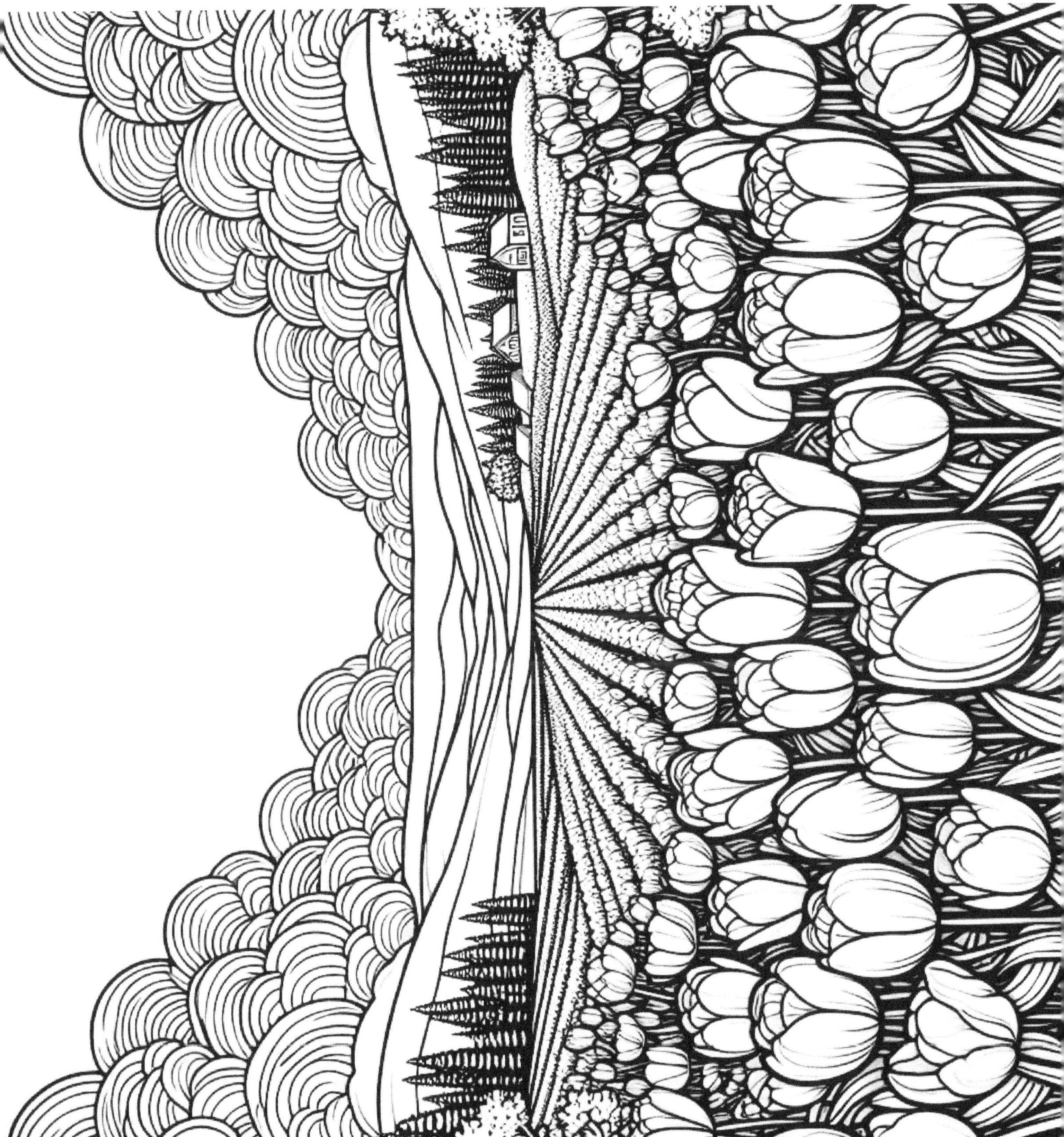

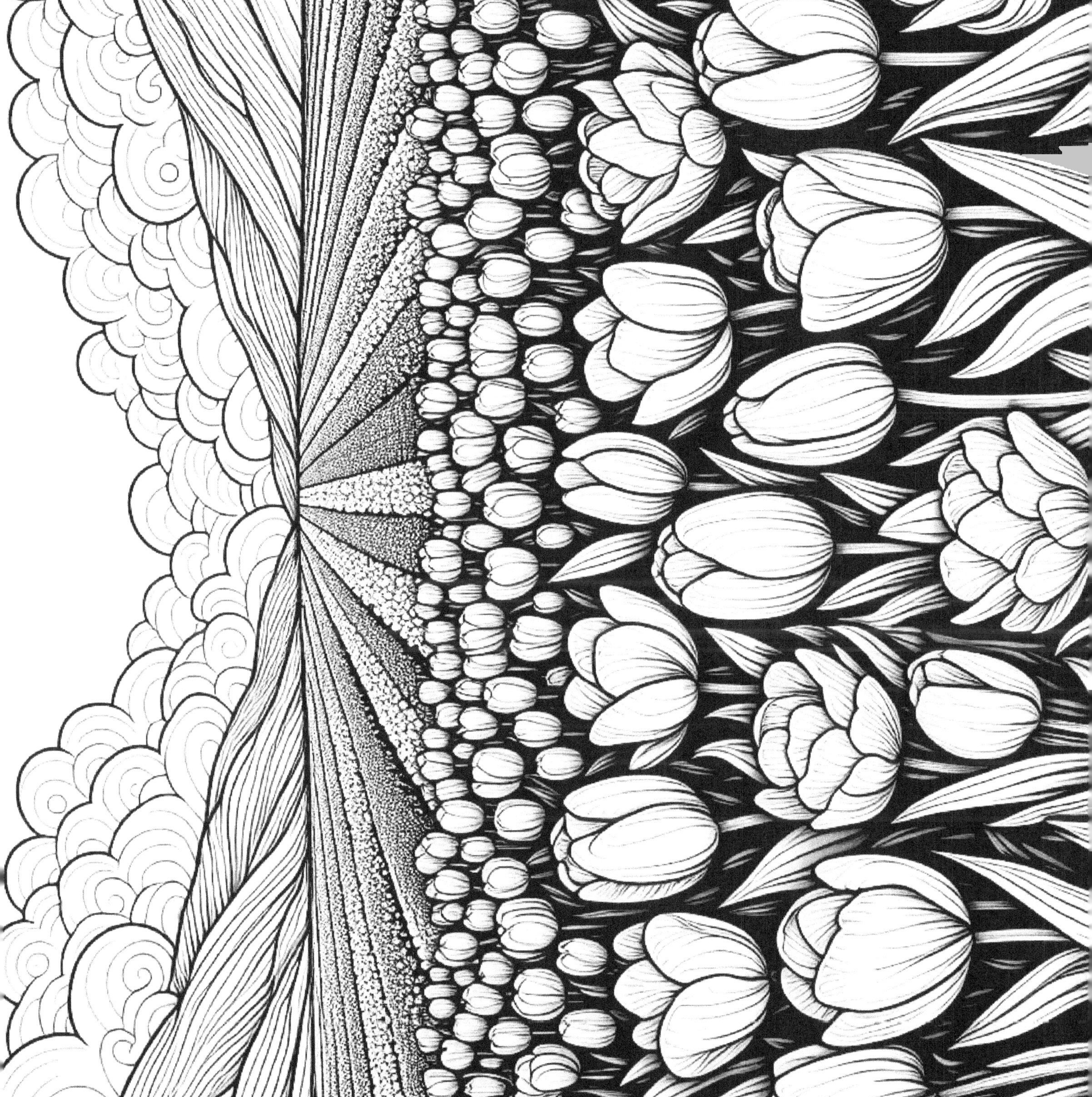

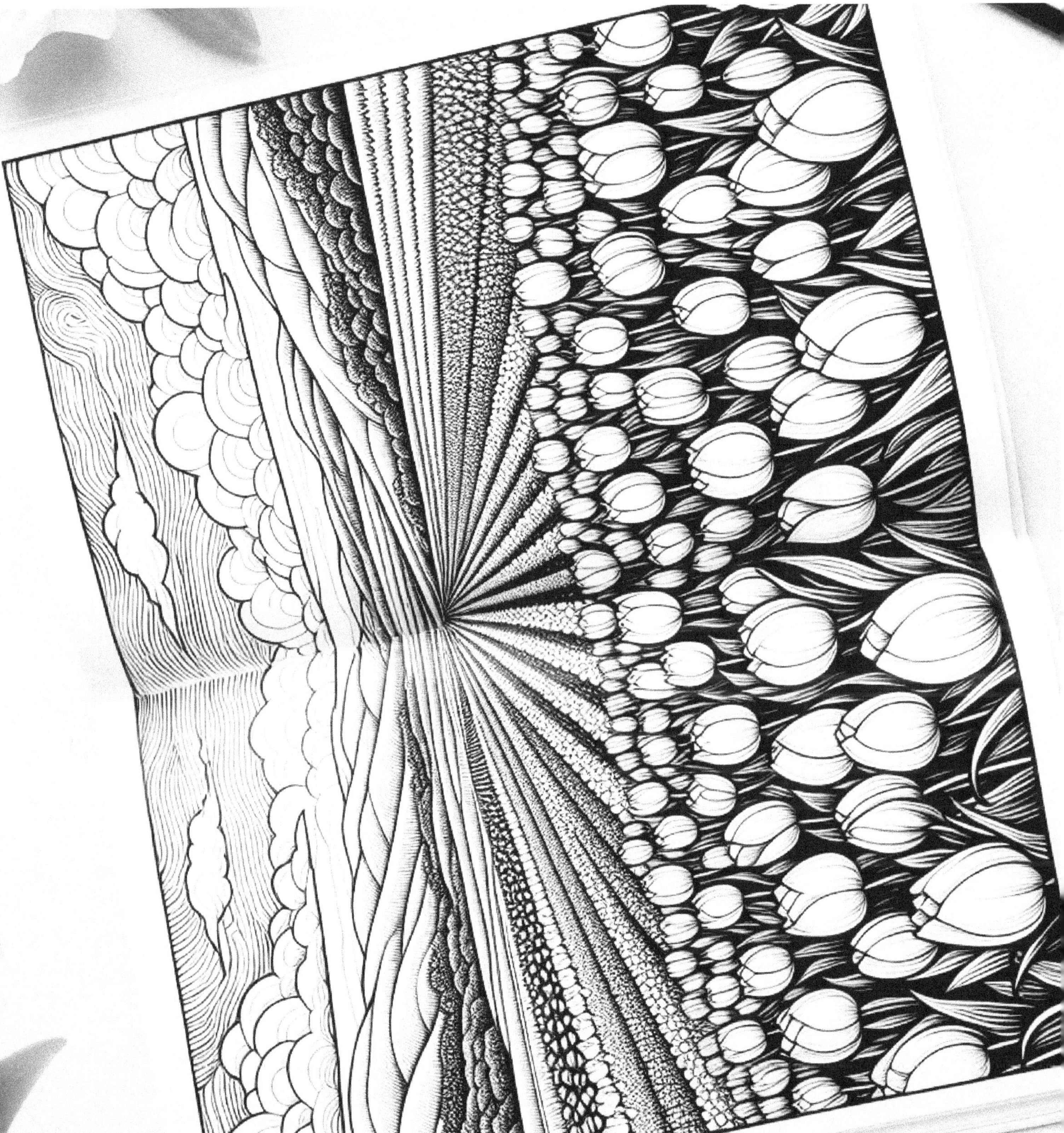

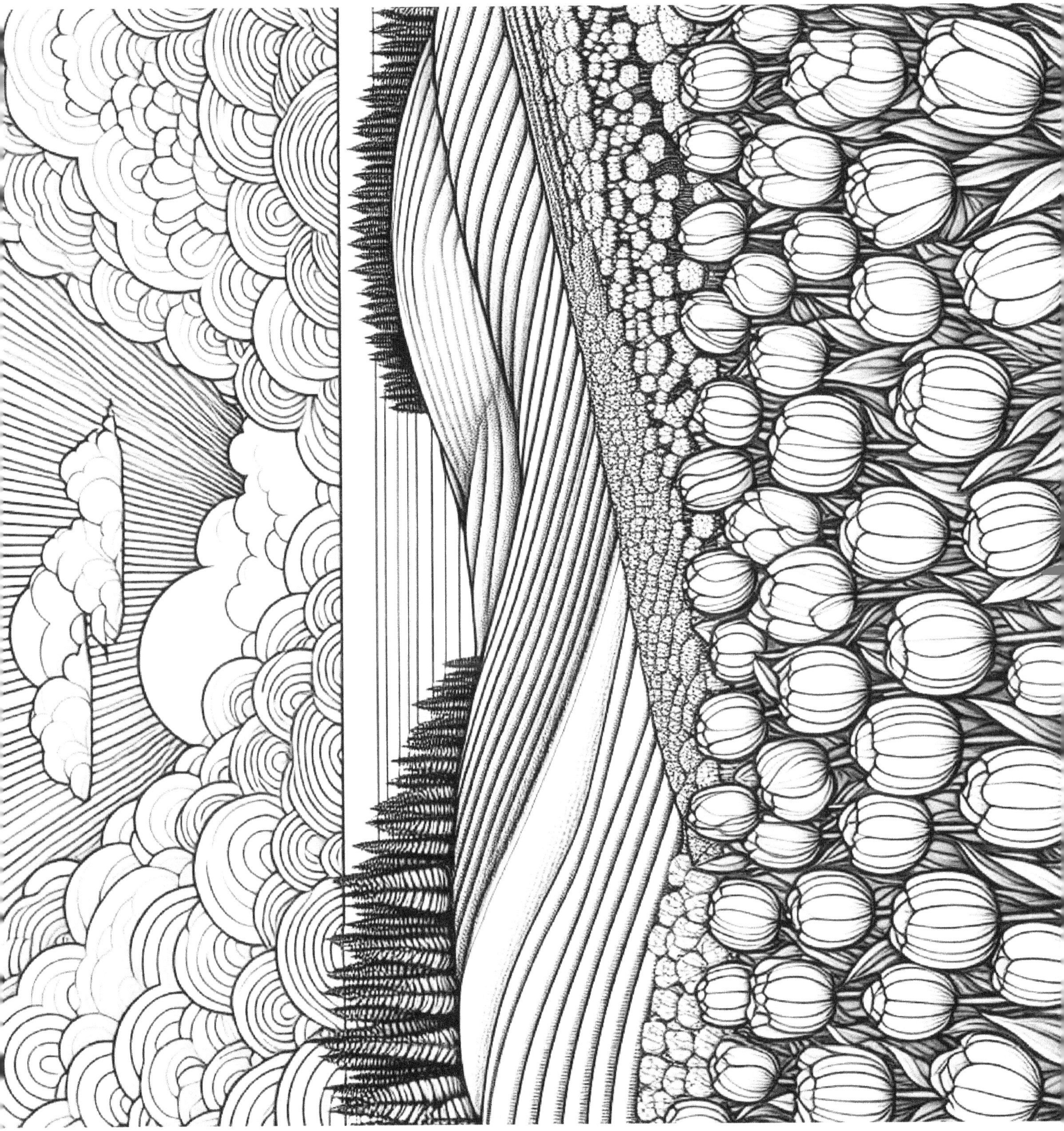

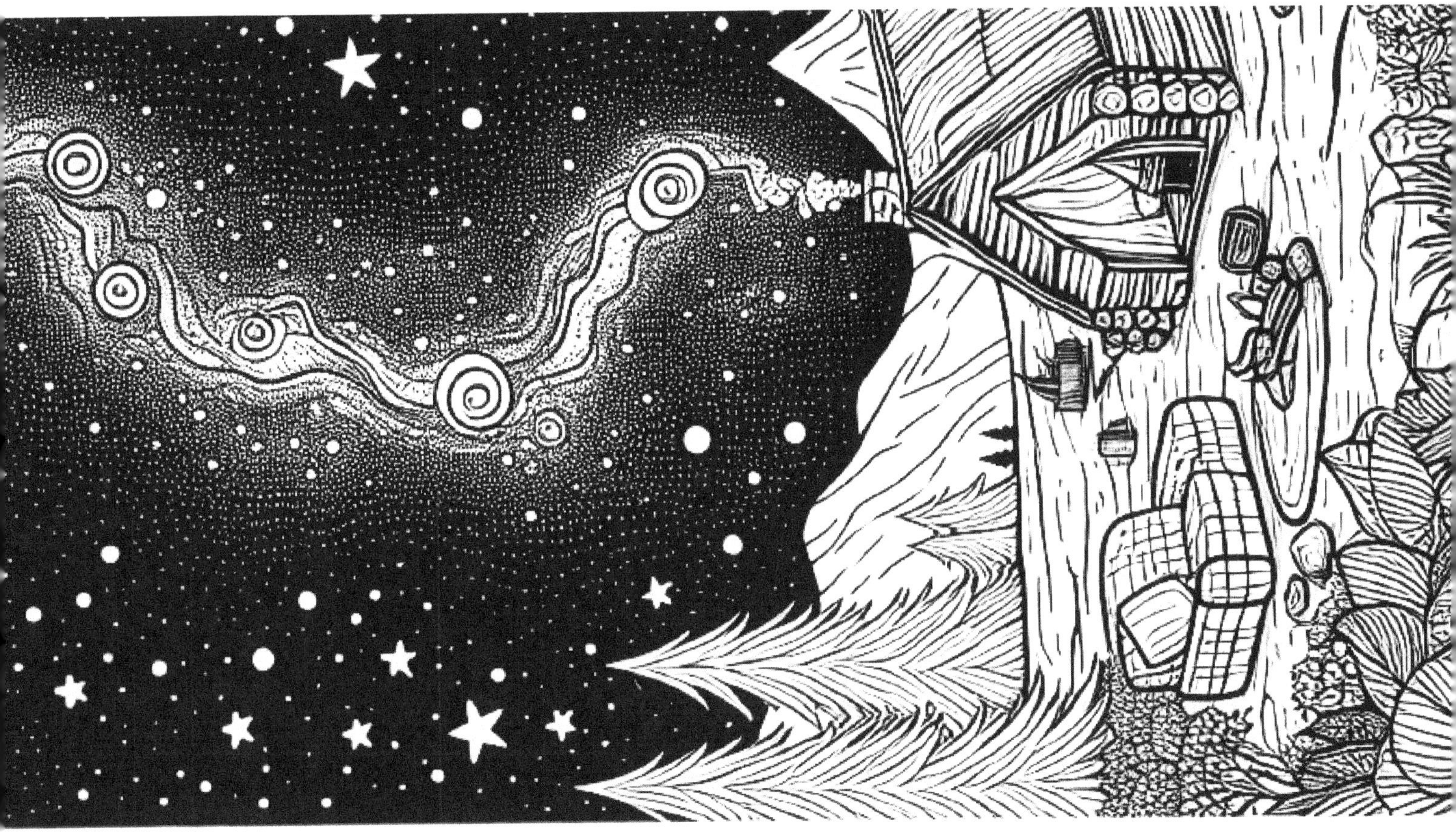

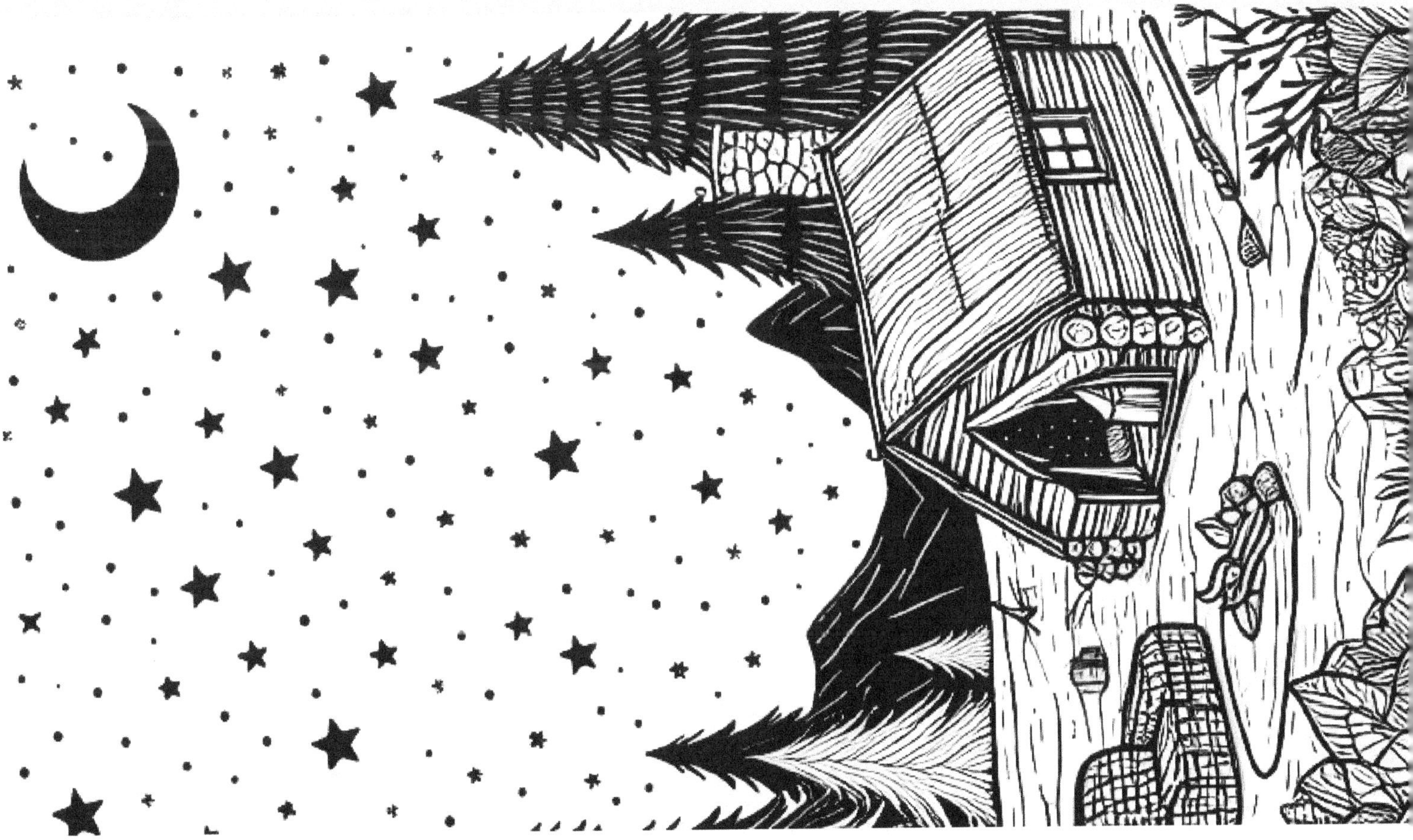

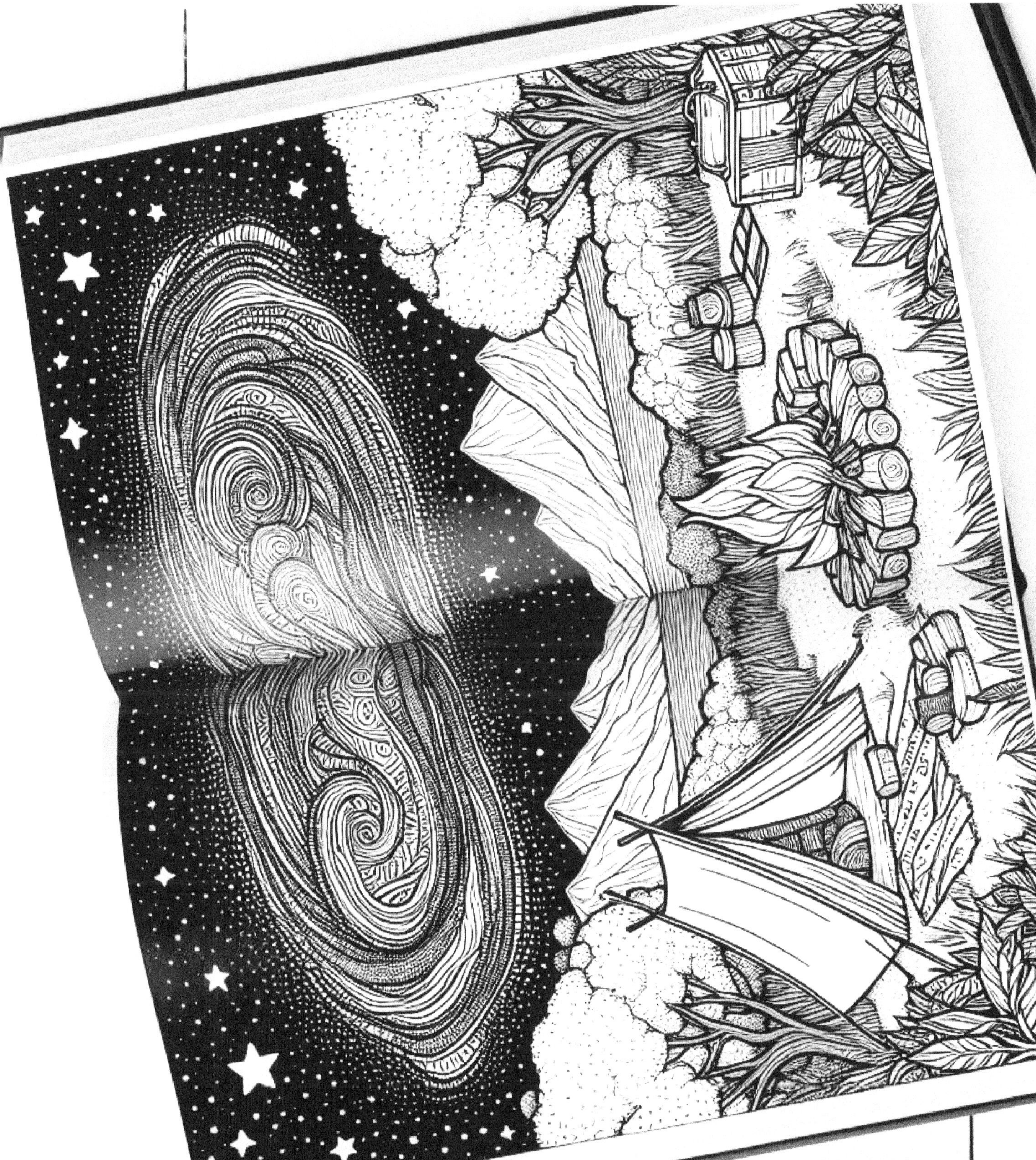

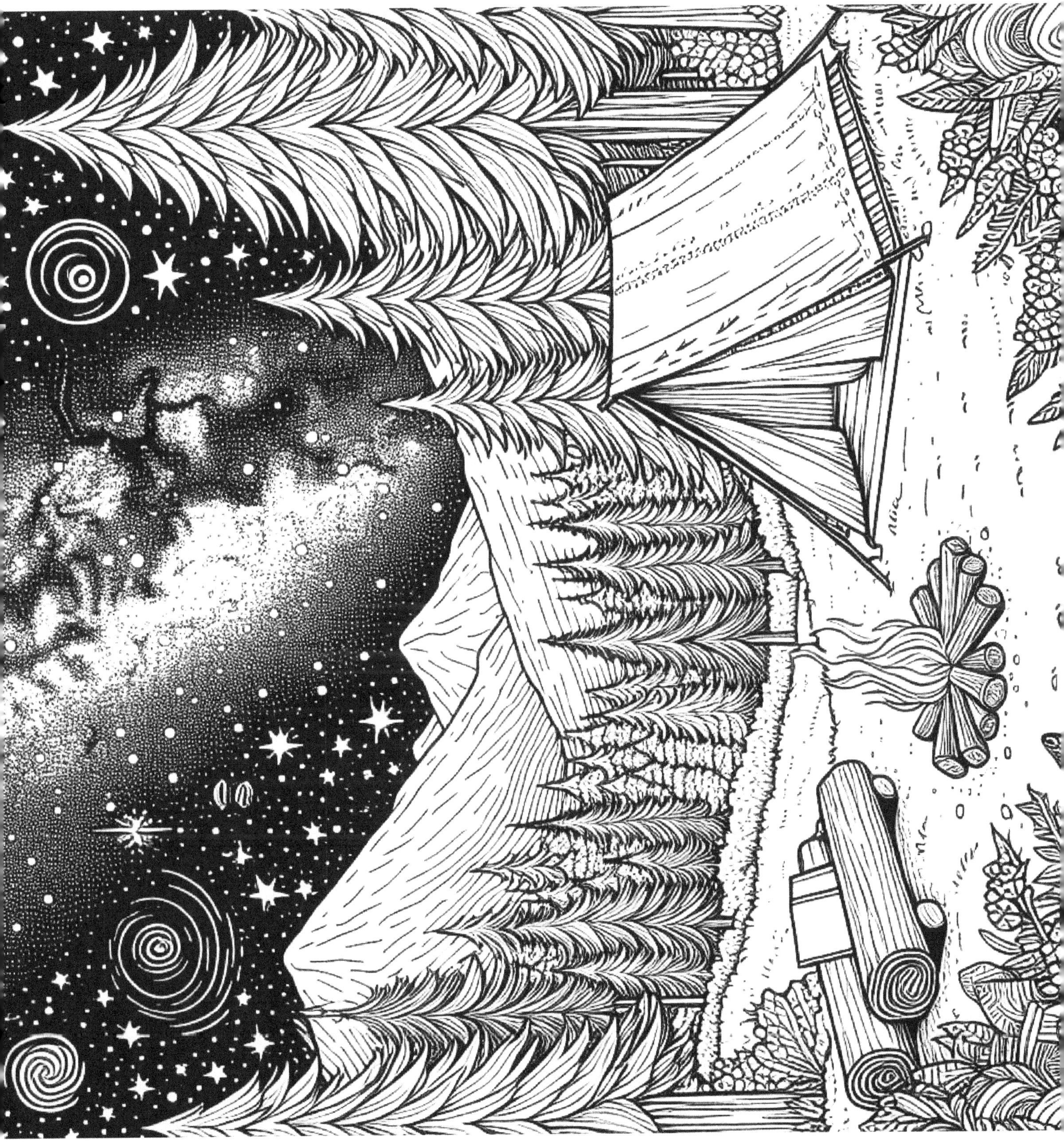

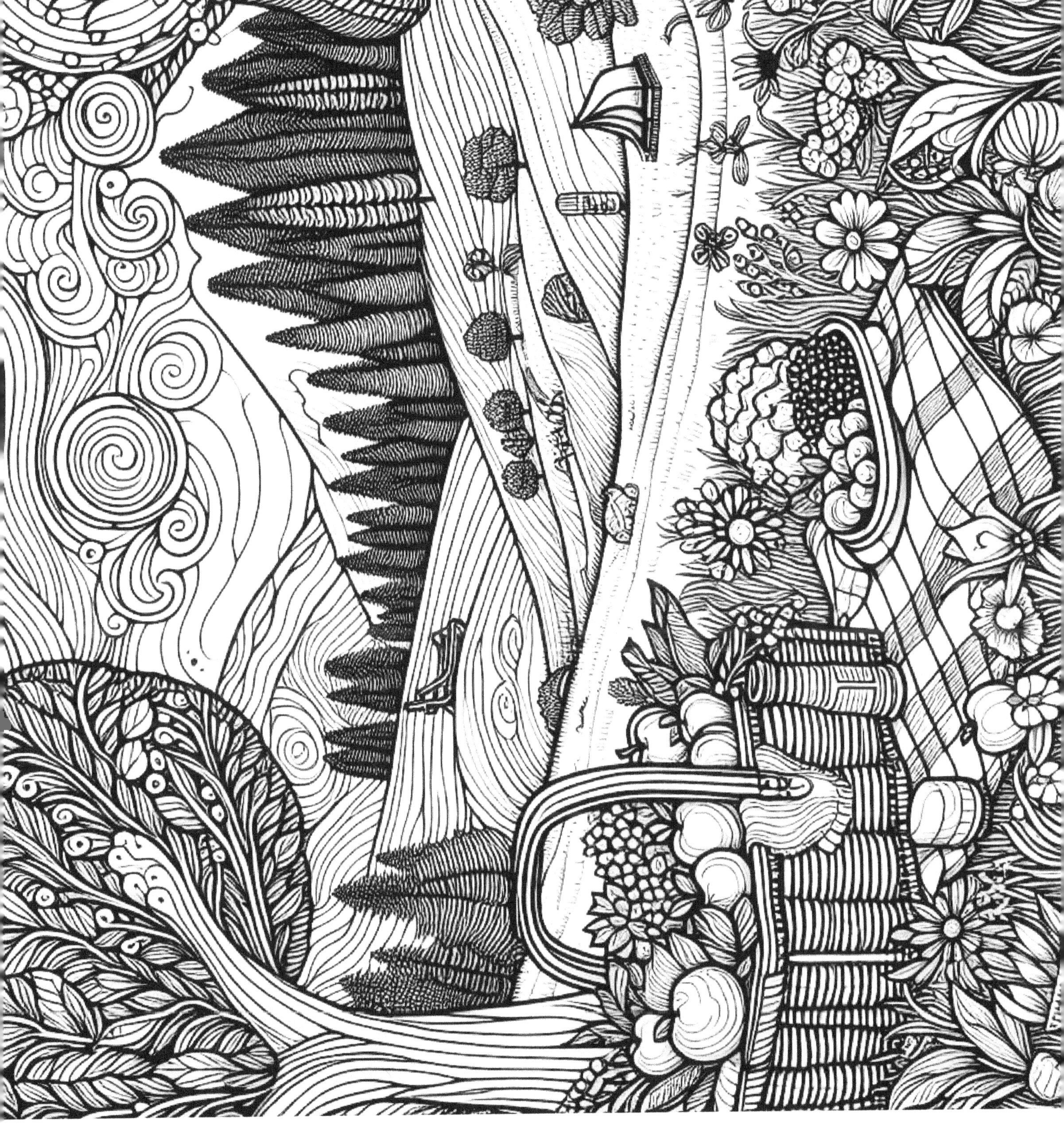

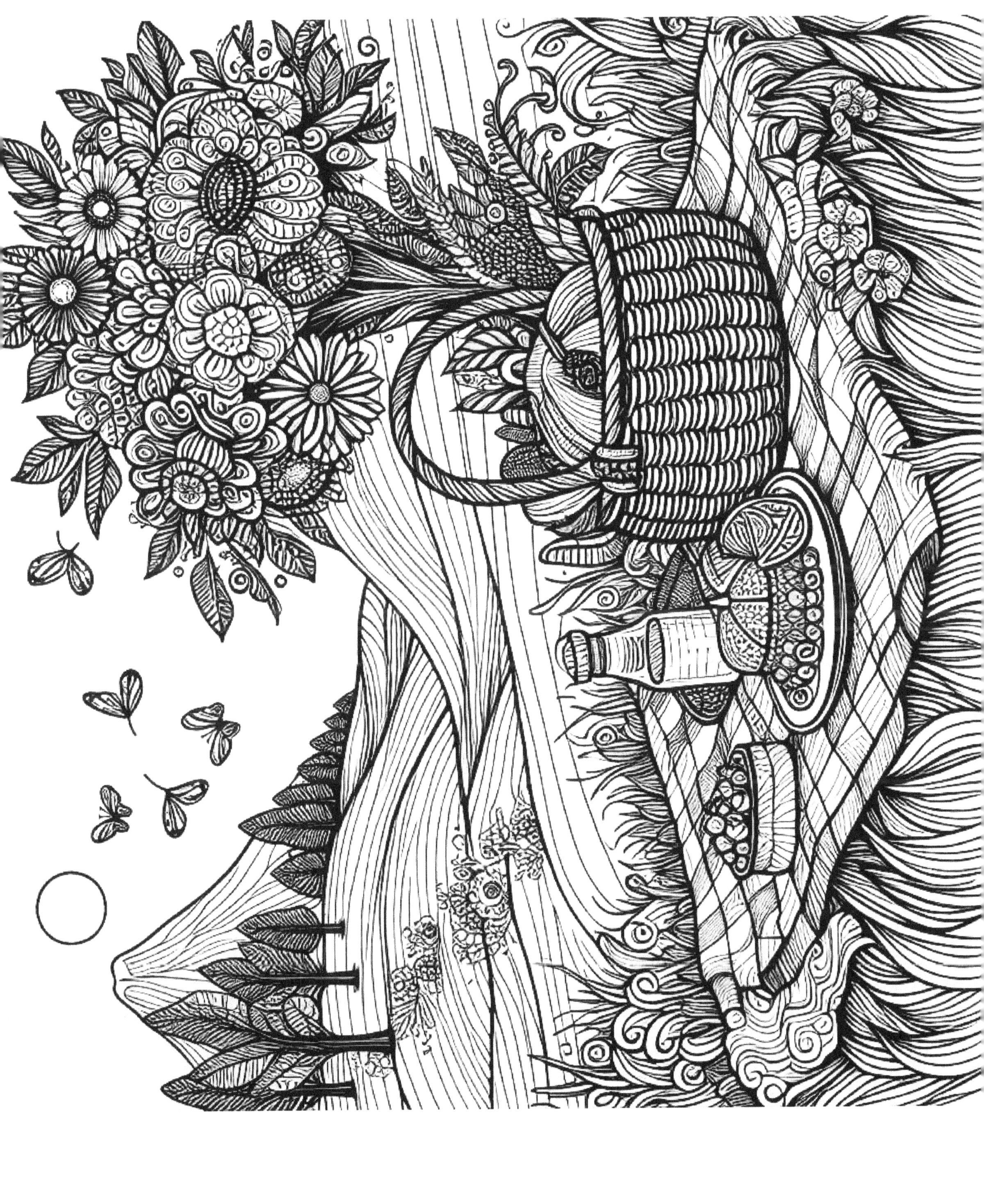

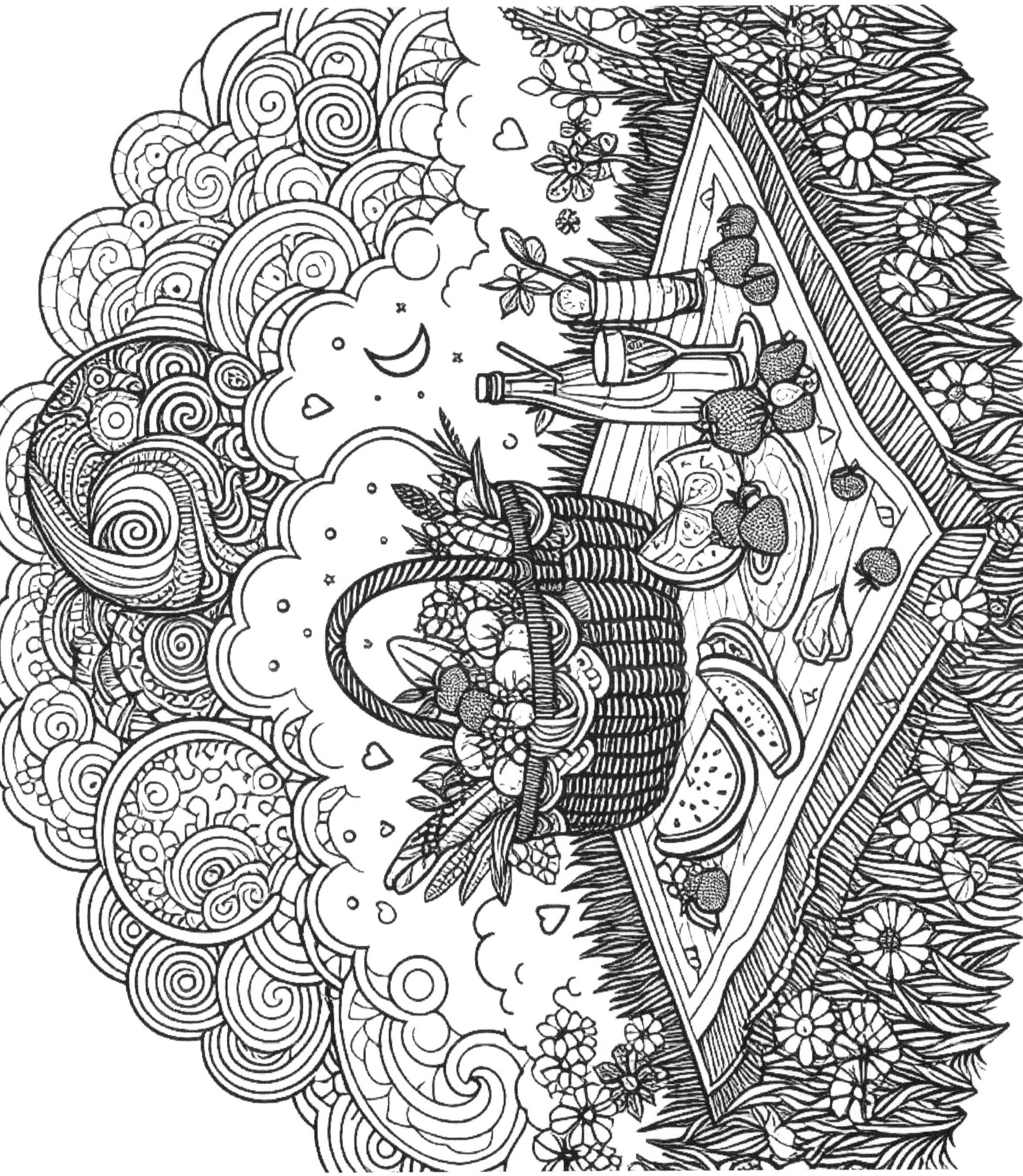

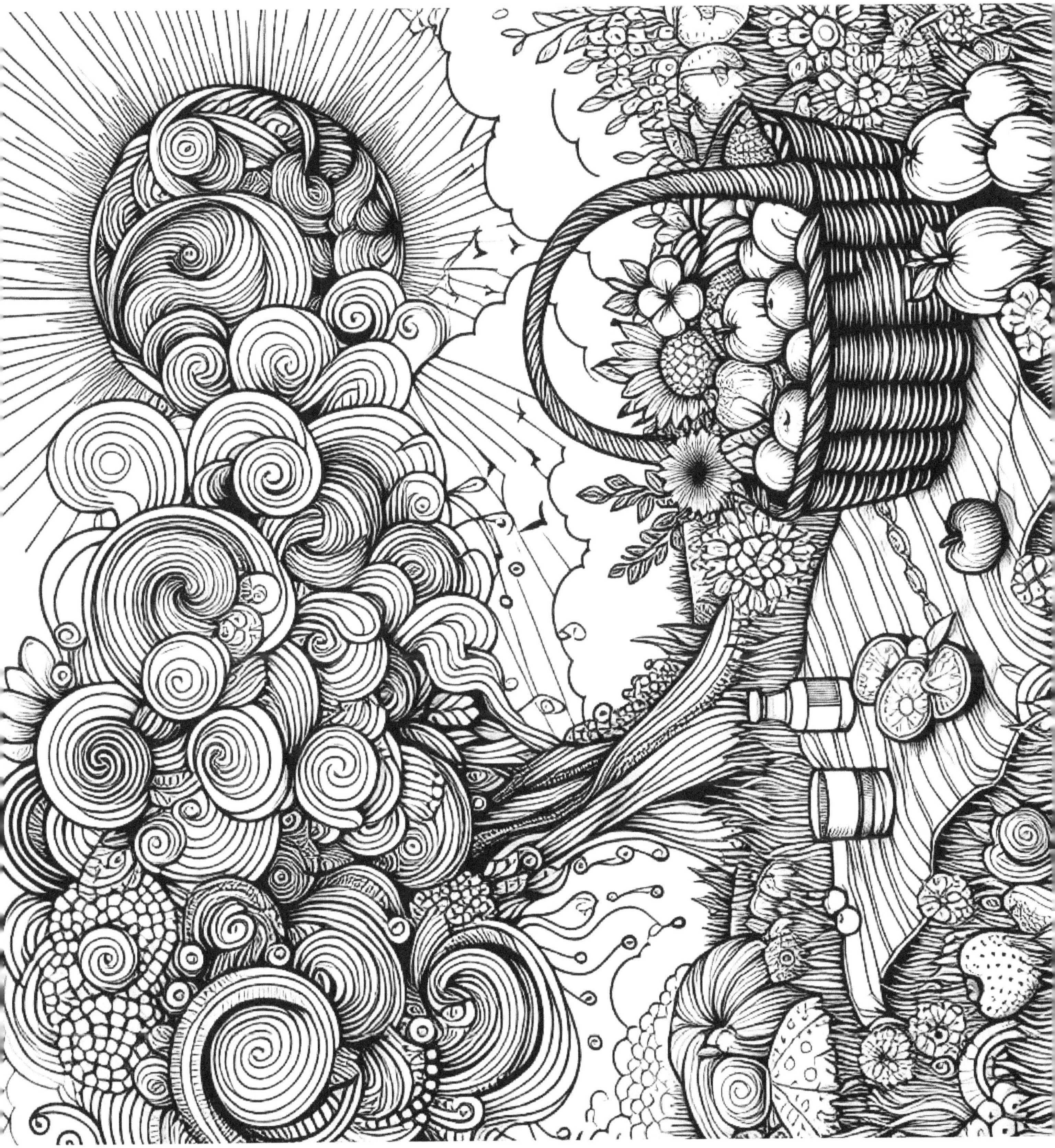

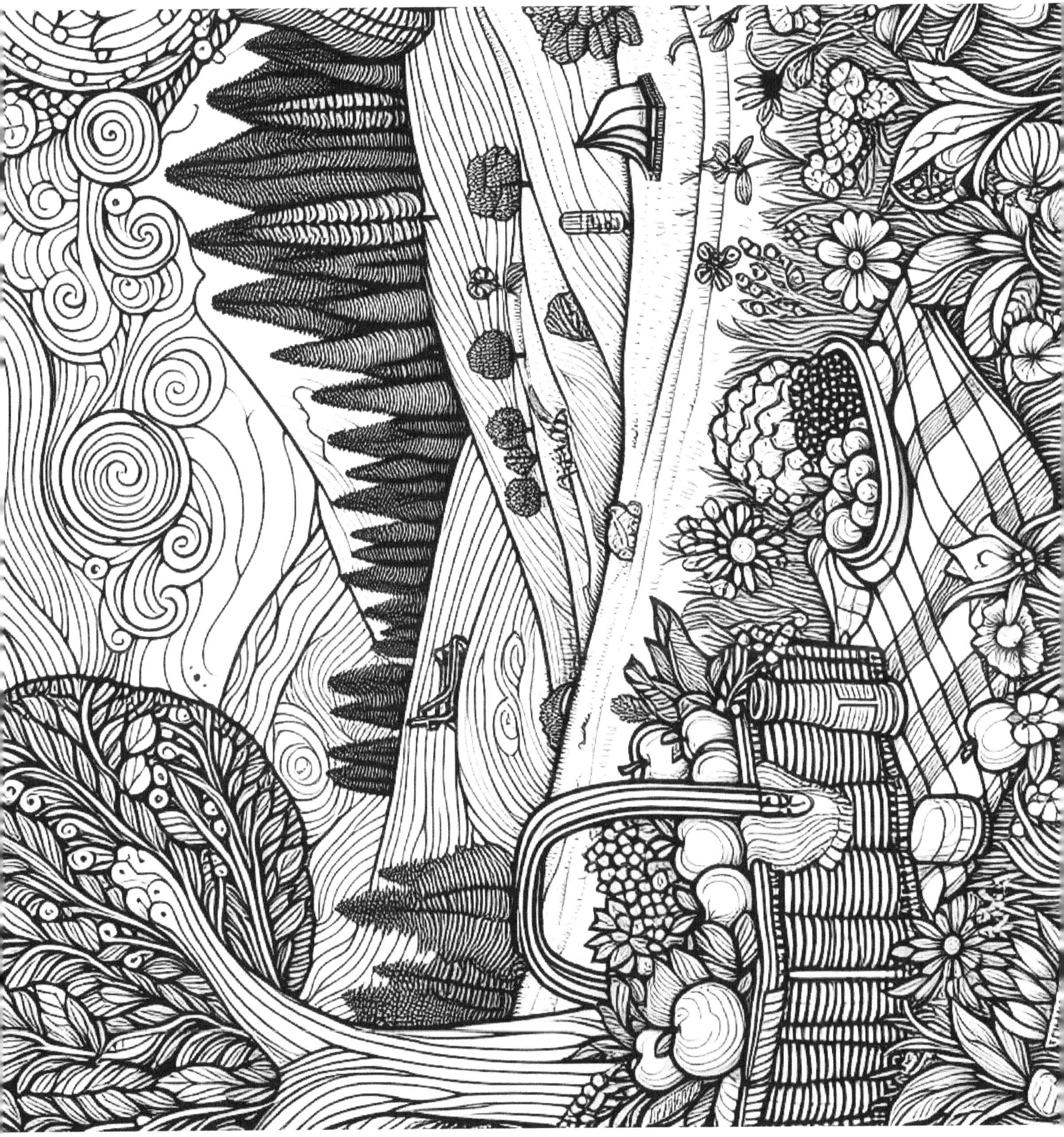

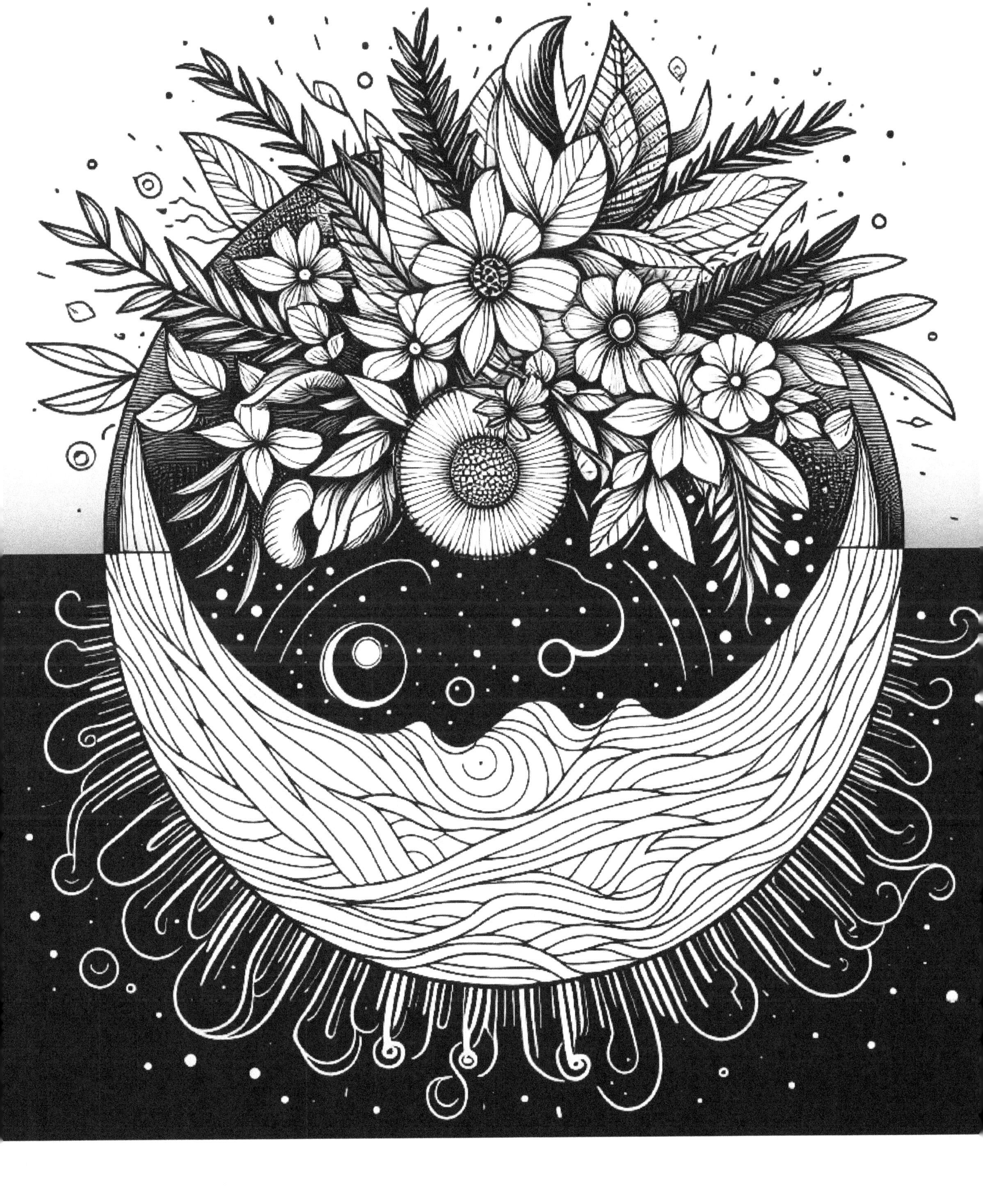

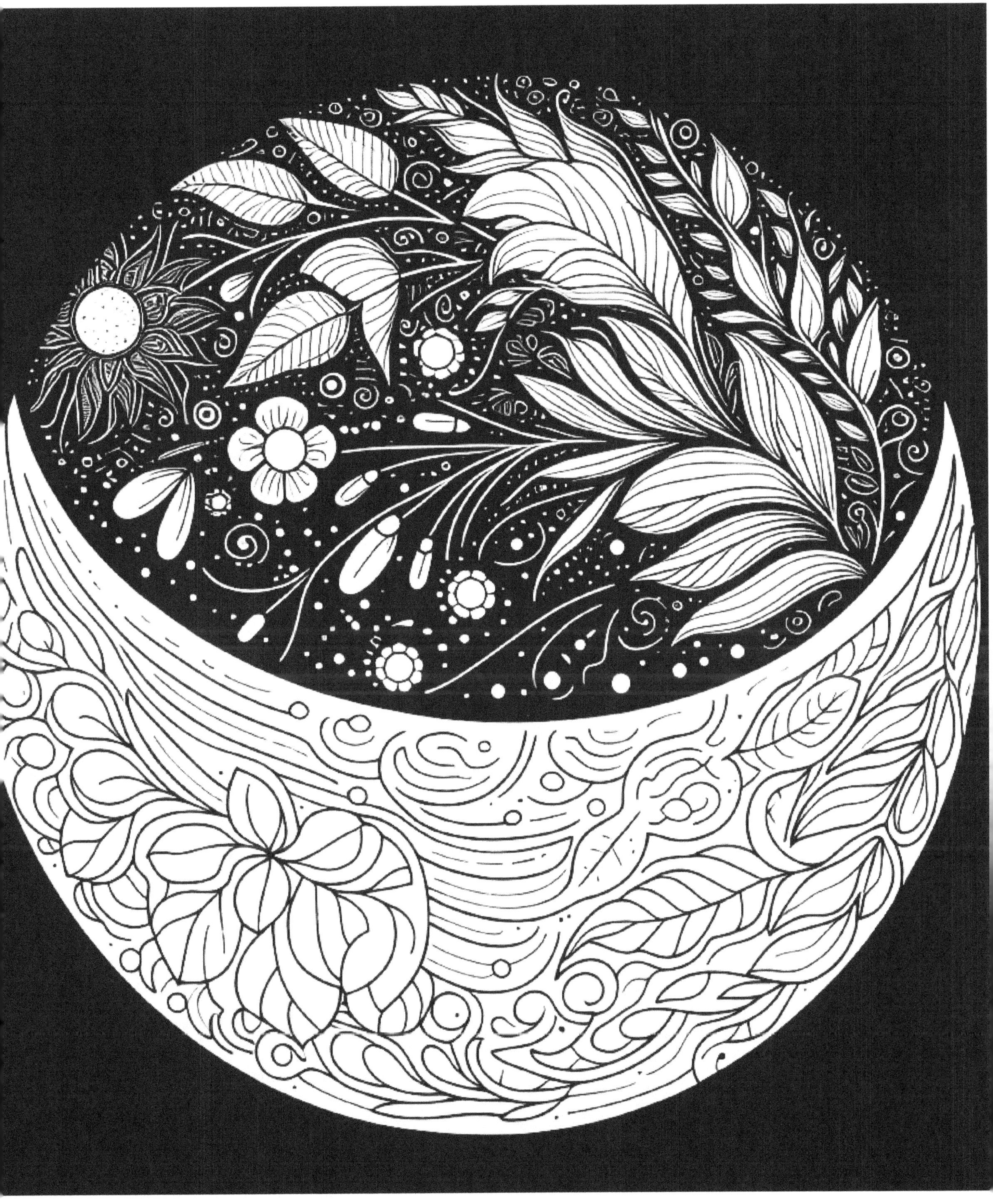

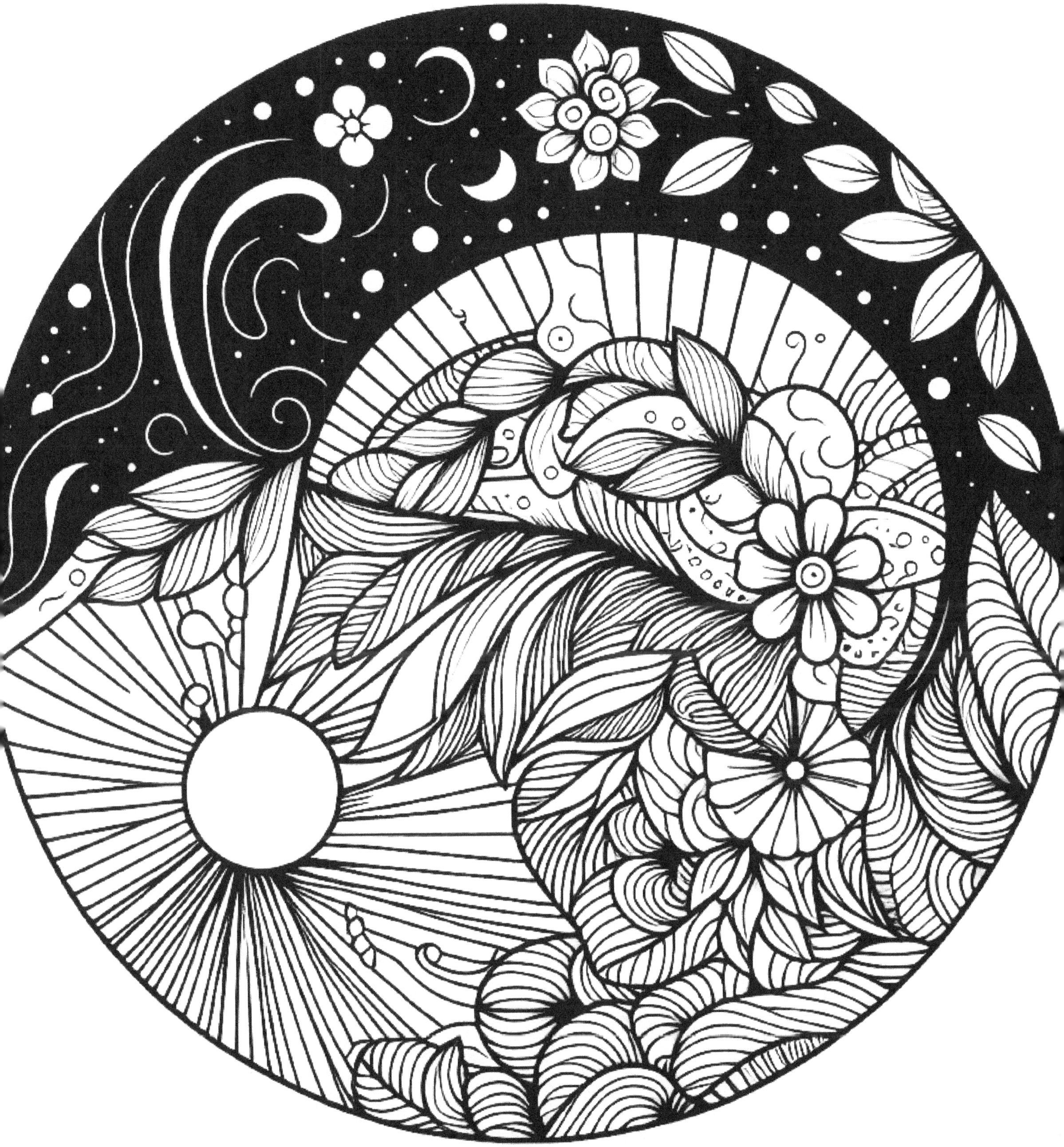

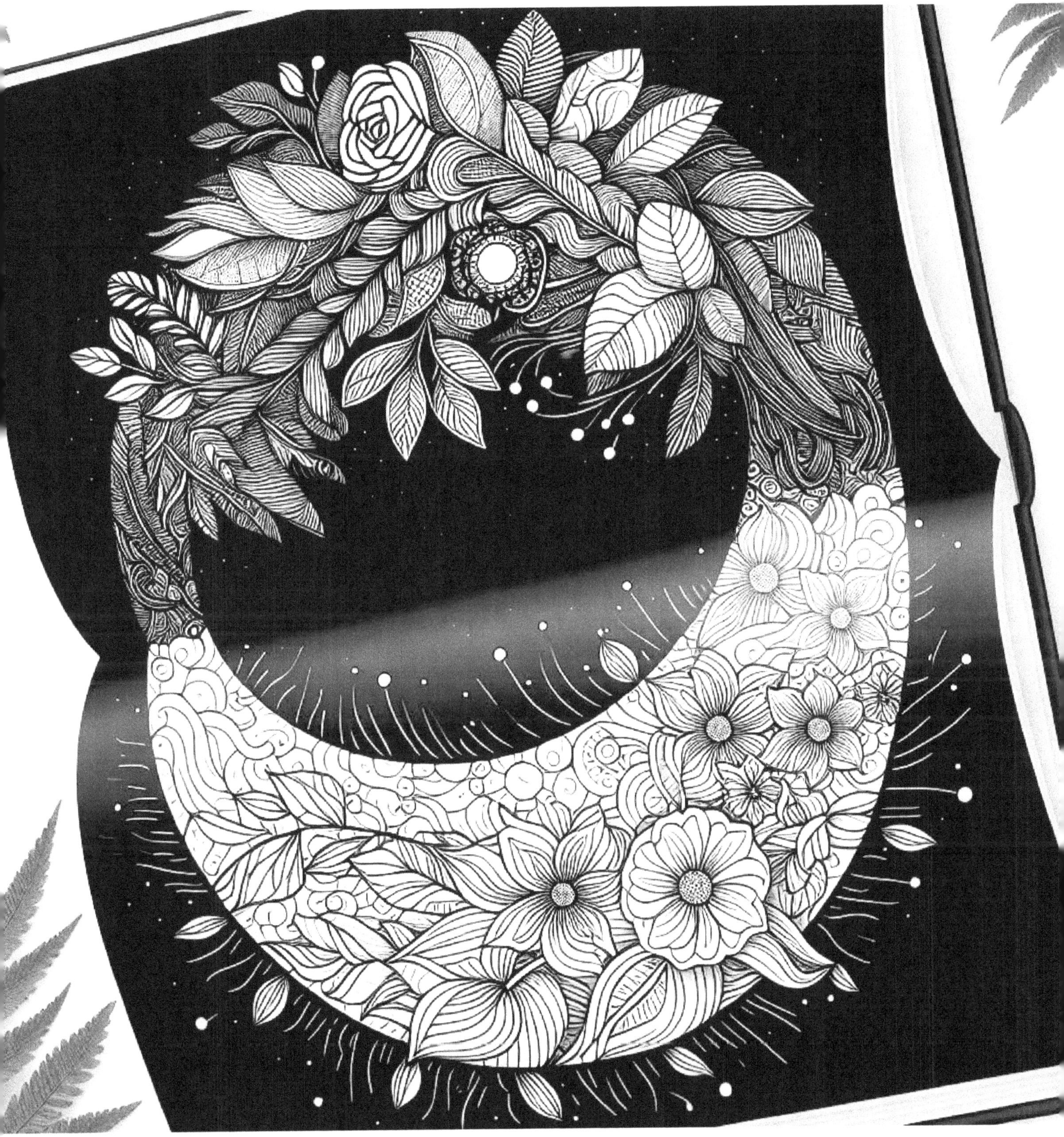

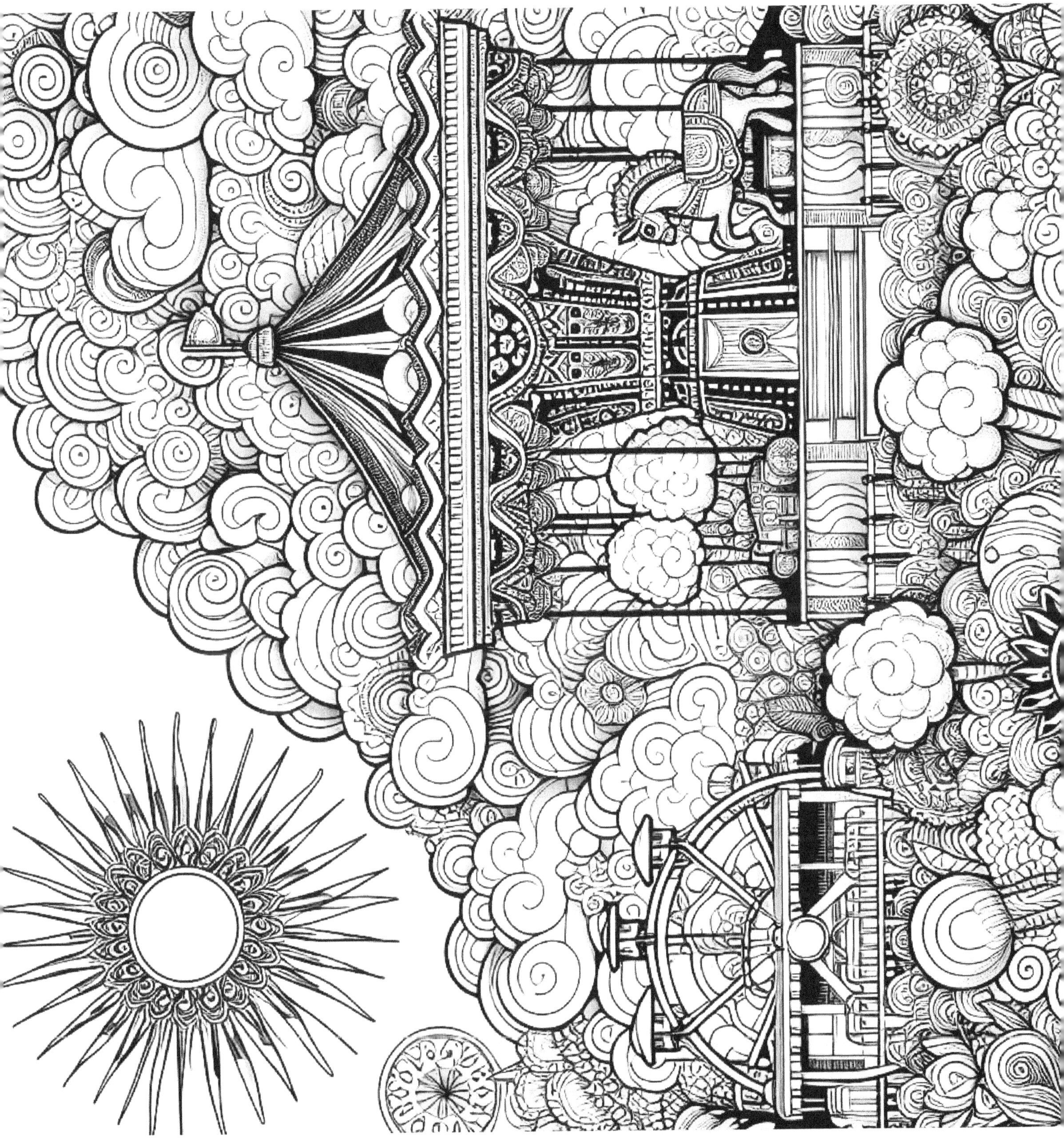

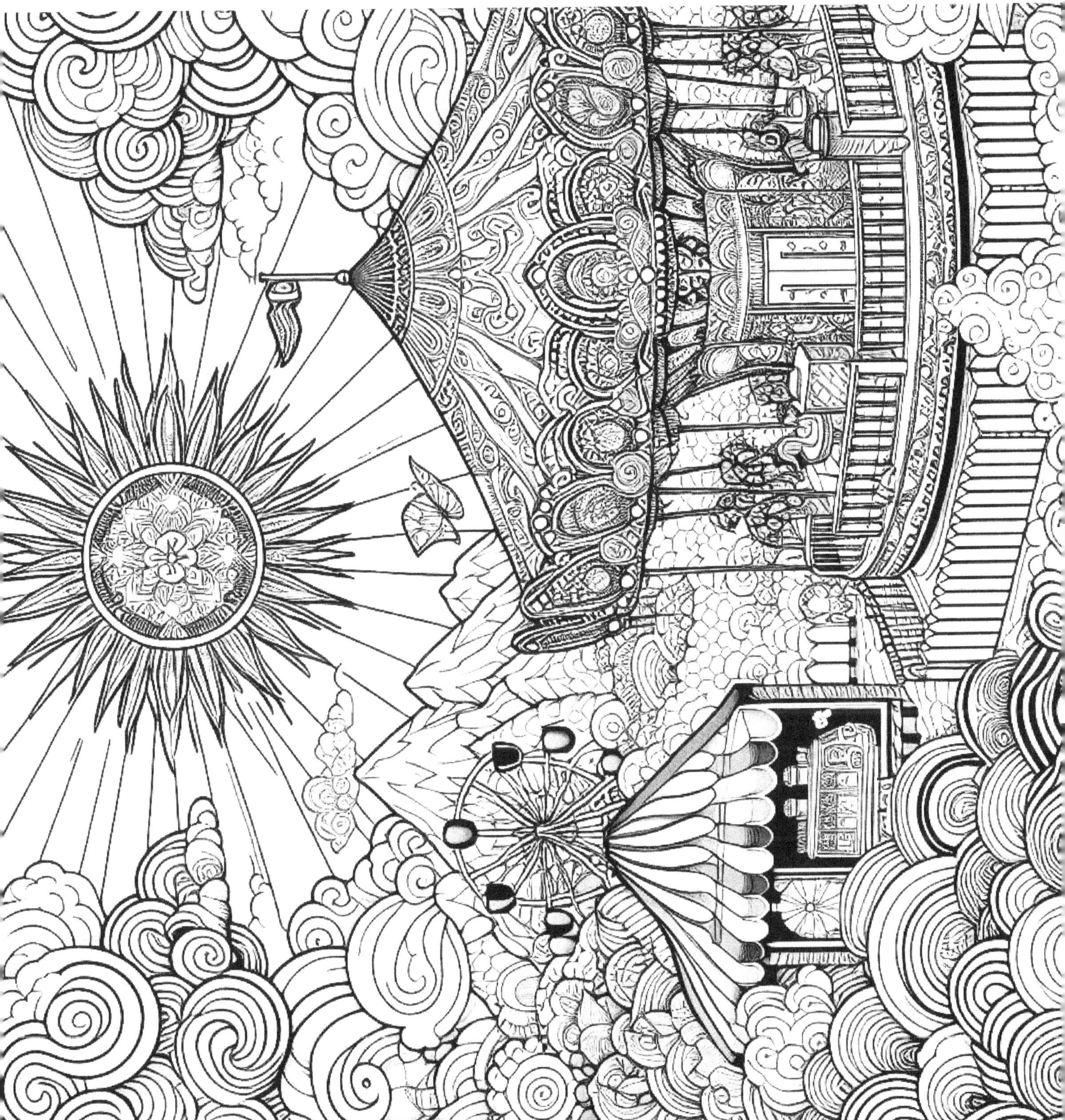

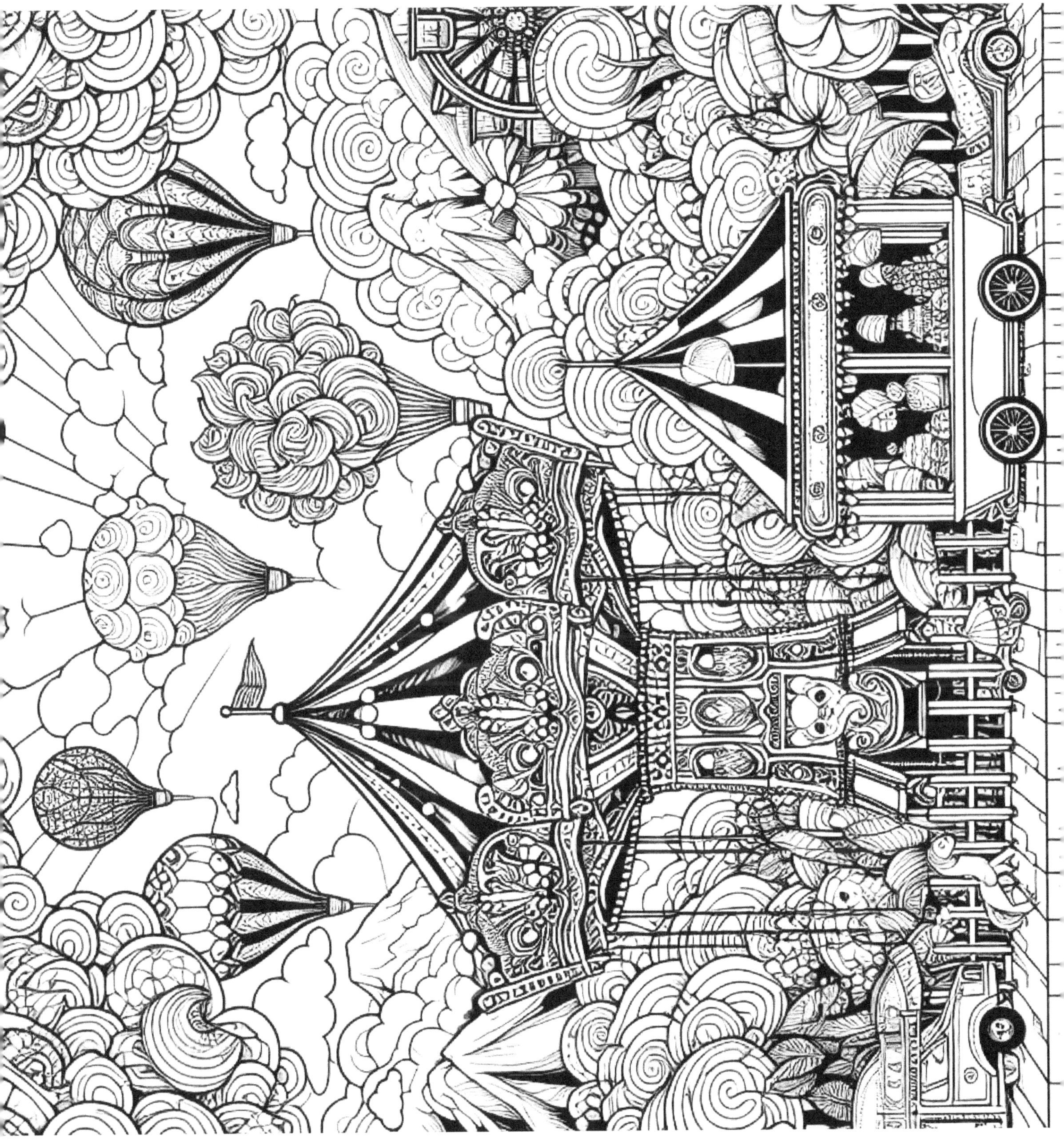

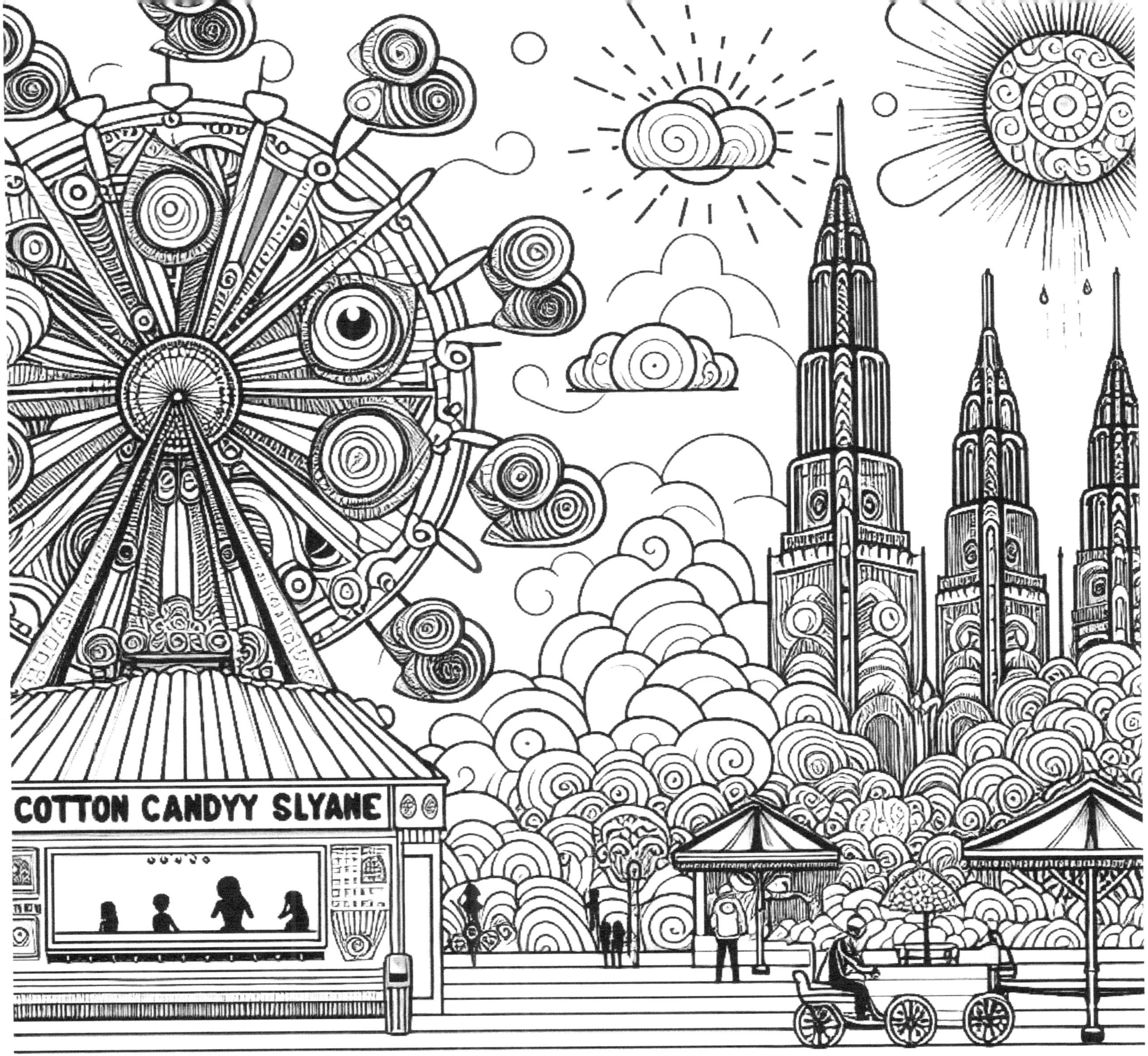
COTTON CANDYY SLYANE

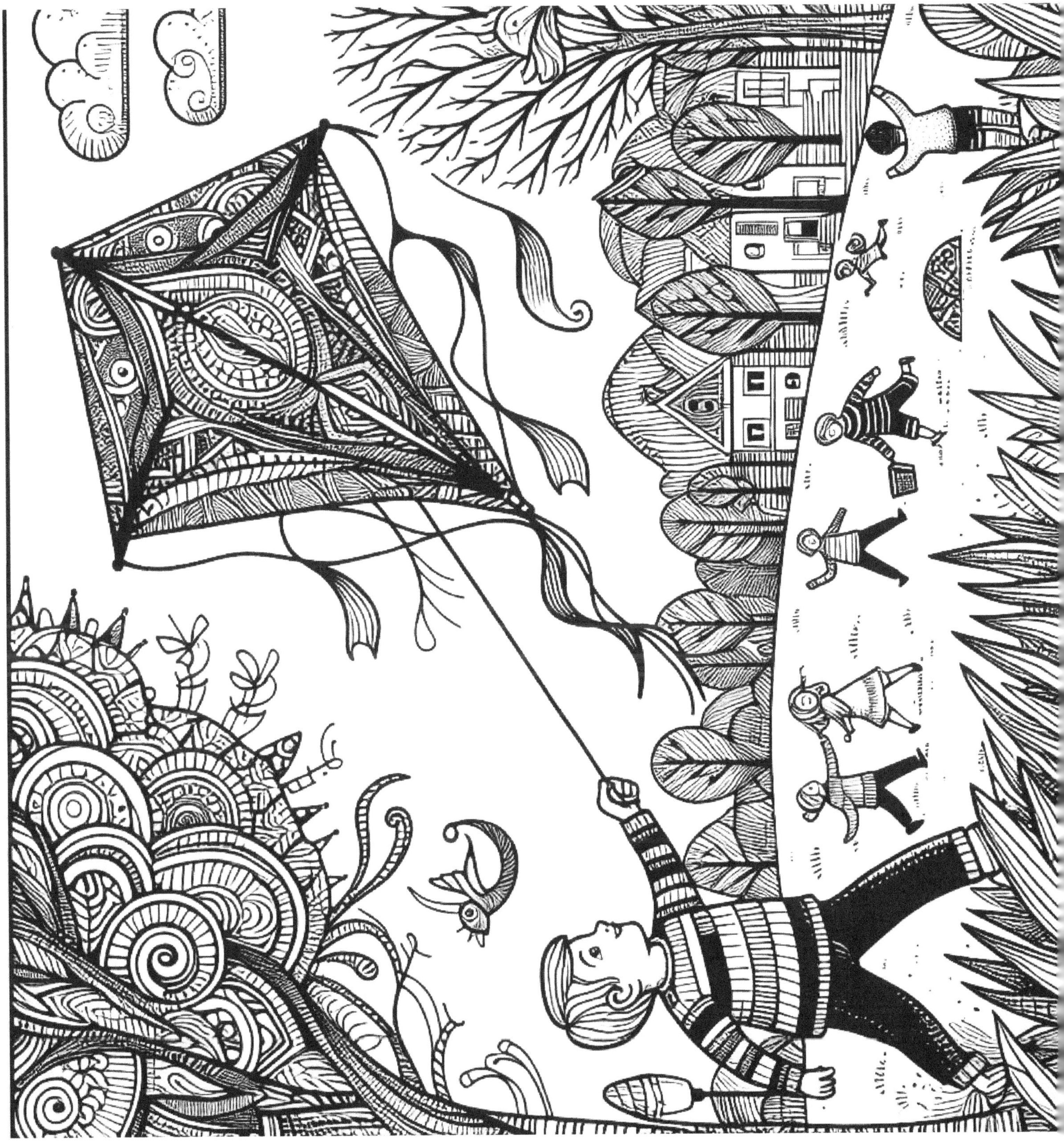

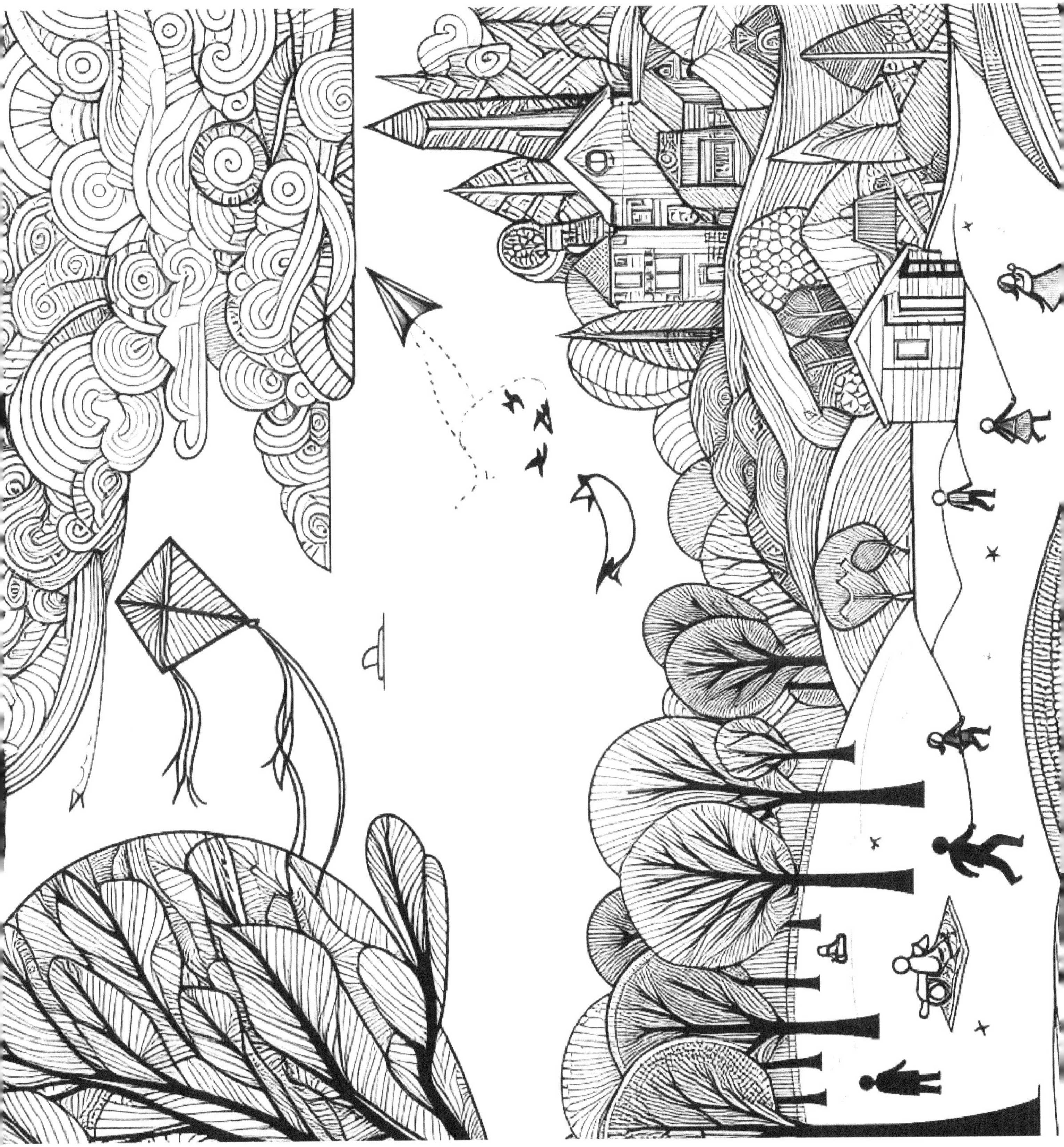

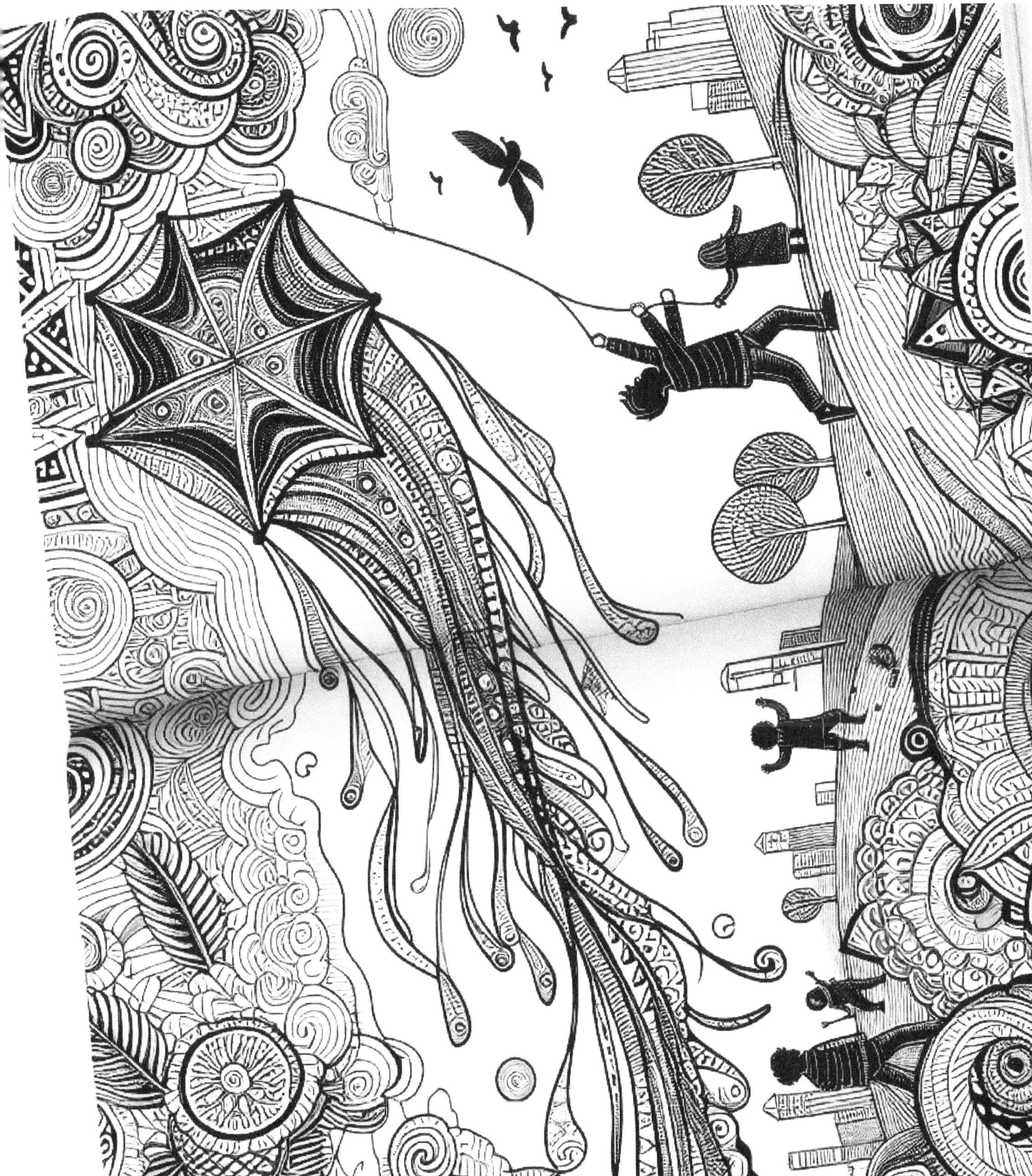

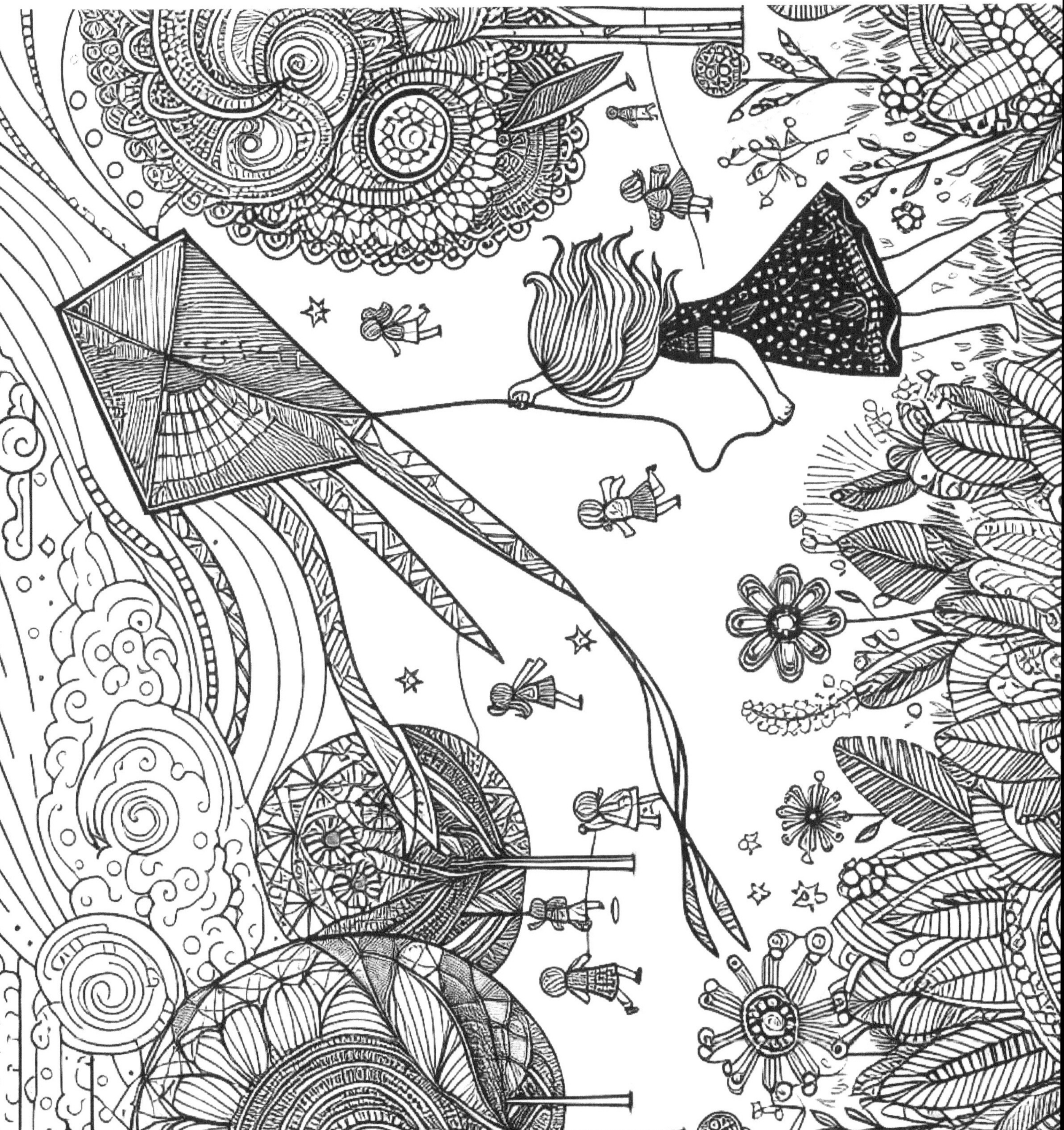

www.ingramcontent.com/pod-product-compliance
Lightning Source LLC
Chambersburg PA
CBHW080959290526
45795CB00009B/3008
9798882825101